R & D3.js 동적 통계 웹 시스템 구축하기

박지형 지음

R&D3.js 동적 통계 웹 시스템 구축하기

2020년 11월 10일 1판 1쇄 박음
2020년 11월 20일 1판 1쇄 펴냄

지은이 | 박지형
펴낸이 | 한기철

펴낸곳 | 한나래출판사
등록 | 1991. 2. 25. 제22–80호
주소 | 서울시 마포구 토정로 222, 한국출판콘텐츠센터 309호
전화 | 02) 738–5637 · 팩스 | 02) 363–5637 · e–mail | hannarae91@naver.com
www.hannarae.net

ISBN 978–89–5566–243–6 13000

* 이 도서의 국립중앙도서관 출판예정도서목록(CIP)은 서지정보유통지원시스템 홈페이지(http://seoji.nl.go.kr)와 국가자료종합목록 구축시스템(http://kolis-net.nl.go.kr)에서 이용하실 수 있습니다.(CIP제어번호: CIP2020046566)

머리말

처음 이 책을 쓰기로 마음먹게 된 이유는 대학원 석사 논문을 기반으로 작성했던 학회 발표 자료의 리뷰 수가 꽤나 높아 좀 더 많은 이들과 기술을 공유하고 논문을 갈무리하자는 차원에서였다. 호기롭게 시작했으나 과정은 그리 순탄치 않았다. 사실, 이렇게 긴 여정이 될 줄은 몰랐다. 책을 쓰고자 계획한 후 출간 제안을 하고, 탈고를 하고, 편집 과정에서 수정을 거듭하는 동안 나는 일터를 두 차례 옮기고 업무 환경이 변화하였다.

개발자로서 필자에게 영향을 준 환경적 변화는 이른 시기에 인정을 받아 사람을 채용하는 면접관 자리에 앉게 된 것이다. 그로 인해 소위 IT기술을 다루는 기술자, 데이터 분석가, 이를 꿈꾸는 많은 지원자들을 만날 수 있었다. 그리고 부족하지만, 그들의 내공을 판가름해 채용한 후 함께 일하며 성장시키기 위해 부단히 노력했다. 이러한 경험을 통해 깨달은 점은 크게 두 가지다.

첫 번째는 개성의 부재다. 직업학원이든 학교이든 어떤 기술을 써보았는가에만 치중해 교육을 하다 보니, 객체지향 프로그래밍을 활용한 웹 프로그램 교육 과정이나 R을 활용한 데이터 분석 양성 과정을 이수한 면접자들의 포트폴리오는 하나같이 찍어낸 듯 비슷한 내용이었다.
두 번째는 철학의 부재다. 대부분의 기술자들은 모든 기업에서 다루는 IT(Information Technology) 중 기술(technology)에만 치중하고 정보와 데이터에는 관심이 없었다. 또 데이터 분석가들은 정보(information)에만 치중해서 어떤 데이터를 분석할 것인지에만 관심을 두고 기술에는 관심이 없었다.

기술과 정보를 융합시켜 하나의 시스템으로 만들어내는 데는 상당한 시간이 소요된다. 각 분야의 실무자들은 저마다 기술의 스펙을 쌓아올리는 데 집중한 나머지, 정작 기술과 정보를 함께 융합해 활용해야 할 업무를 맞닥뜨리면 고민하게 된다. 이 책은 이러한 고민에 직면했을 때 읽어야 할 책이라고 생각한다. 이제 한 분야의 전문가만이 살아남는 시대는 지나가고 있다. 필자 또한 이 책에서 다루는 모든 분야의 전문가라고 할 수는 없다. 다만, 시행착오 끝에 기술정보를 함께 융합하는 나름의 방법을 찾아 이를 업계의 동료들과 공유해보고자 하는 것이다.
처음 책을 계획할 당시에는 단순히 현업의 개발자들에게 기술을 소개하는 정도를 생각하였으나, 편집 과정을 진행하면서 좀 더 많은 독자들에게 유용하게 활용되었으면 좋겠다는 바람을 지니게 되었다. 이에 조금 수준을 낮추어 한 분야의 기술자, 또는 초급자가 프로그램 설치 방법부터 차근차근 따라와 분석을 수행해볼 수 있도록 전체 과정을 단계적·유기적으로 구성하고 이해하기 쉽게 서술하려 힘썼다.

물론, 책에 소개된 내용을 실습하다 보면 때로 잘 풀리지 않는 부분이 있을 것이다. 급변하는 기술의 변화로 책의 내용과 다르거나 이해되지 않는 부분도 있을 것이다. 그럴 경우 필자에게 메일(since0716@gmail.com)을 보내주시면 되도록 시간을 내어 해결 방법을 함께 고민해보도록 하겠다.

이 책을 통해 여러분들의 포트폴리오가 좀 더 다양해지기를, 그리고 IT에 대한 생각이 '어떤 기술을 써서 어떤 정보를 제공할 수 있을까?'로 확장될 수 있기를 바란다.

감사의 글

이 책을 펴내기까지 많은 분들의 도움이 있었다.

먼저, 쓸 수 있도록 도와주신 한나래출판사 조광재 상무님과 함께 작업해주신 편집팀 직원분들에게 감사드린다.

그리고 나의 버킷리스트였던 출판을 잘 마무리할 수 있도록 많은 격려와 지원을 해주신 켐아이넷(주) 이헌주 사장님과 (주)다날 신정욱 이사님 외 사우분들에게 깊은 감사의 마음을 전한다. 또 이 책을 쓸 수 있도록 허락해주신 한국산업기술시험원 사우분들에게도 감사 인사를 전한다.

아울러 IT 업계에 함께 종사하는 동료로서 원고를 검토해주고 쓴소리도 마다하지 않았던 오랜 벗 세영, 창주, 용기와 성관 형님을 위해 행복을 빈다.

힘들 때마다 기도해주신 김홍례 여사님과 나의 사랑하는 가족들, 포기하지 않도록 응원해준 다이나믹스 친구들에게 깊이 감사드린다. 그리고 바쁜 일정을 이해해주고 나의 곁에서 함께해준 경은이에게 많이 고맙고 사랑한다고 전하고 싶다.

끝으로 이 책을 보고 자랑스러워하셨을 故박홍남 님을 위해 이름 석 자를 남긴다.

2020년 10월

박지형

차례

머리말 · · · 3

1장 개요

1 시작하며 · · · 10
1-1 목적 · · · 10

2 동적 통계 웹 시스템의 구조 · · · 13
2-1 프레임워크 설명 · · · 13
2-2 프레임워크 상호작용 · · · 15

2장 데이터베이스

1 데이터베이스란? · · · 18
1-1 데이터베이스의 개념 · · · 18
1-2 관계형 데이터베이스 관리 시스템 · · · 18

2 데이터베이스 설치하기 · · · 20
2-1 관계형 데이터베이스 시스템 MySQL 설치하기 · · · 20
2-2 Windows용 MySQL 설치하기 · · · 21
2-3 Mac OS용 MySQL 설치하기 · · · 33

3 데이터베이스 명령어 SQL · · · 41
3-1 데이터 조작 언어 · · · 41
3-2 데이터 정의 언어 · · · 46

4 데이터베이스 · · · 48
4-1 보건의료 데이터베이스 개요 · · · 48
4-2 보건의료 데이터베이스 생성 · · · 52
4-3 보건의료 데이터 입력 · · · 55
4-4 보건의료 데이터 자료 추출 · · · 58

3장 R

1 R 개요 · · · 62

2 R 설치하기 · · · 62
2-1 Windows 환경에서 R 설치하기 · · · 62
2-2 Mac OS에서 R 설치하기 · · · 66
2-3 R 설치 확인하기 · · · 68

3 R 데이터 분석 · · · 69
3-1 데이터 분석의 필요성 · · · 69
3-2 R을 활용한 데이터 분석 · · · 70
3-3 R의 기본 · · · 70
3-4 기본 데이터를 활용한 시각화 · · · 81

4 R 데이터 분석 확장하기 · · · 84
4-1 CRAN을 활용한 데이터베이스 연결하기 · · · 85
4-2 보건의료 데이터 확인하기 · · · 87
4-3 보건의료 데이터 시각화 · · · 89

5 Rserve를 활용한 통계서버 만들기 · · · 91
5-1 CRAN을 활용한 통계서버 만들기 · · · 91
5-2 Windows 환경 통계서버 Rserve 자동실행 · · · 93
5-3 Linux/Mac OS 환경 통계서버 Rserve 자동실행 · · · 94

4장 클라이언트

1 서버-클라이언트란? · · · 100
1-1 서버-클라이언트의 개요 · · · 100
1-2 서버-클라이언트의 필요성 · · · 100
1-3 클라이언트 · · · 101

2 클라이언트 개발환경 · · · 101
2-1 Java란? · · · 101
2-2 Java 개발 도구 · · · 102
2-3 개발도구 Eclipse 설치하기 · · · 111

3 Java 기본 문법 · · · 116
3-1 Java 기본 데이터 타입 · · · 117
3-2 Java 기본 연산자 및 비교/논리 연산자 · · · 118
3-3 Java 함수(Function/Method) · · · 121
3-4 Java 클래스 · · · 124

4 Java-R 통신 클라이언트 프로그램 · · · 126
4-1 통신 라이브러리를 활용한 클라이언트 개발하기 · · · 126

5장 웹 서버

1 웹 서버란? · · · 136
1-1 웹 서버 구성 · · · 137
1-2 Tomcat 설치 · · · 138

2 WAS 개발 · · · 146
2-1 Eclipse를 활용한 Tomcat 설정 · · · 146
2-2 Tomcat을 활용한 웹 사이트 만들기 · · · 149

3 웹 페이지 기본 · · · 153
3-1 HTML이란? · · · 153
3-2 HTML의 기본 · · · 154
3-3 HTML 파일의 구조 · · · 156

4 통계 웹 사이트 구현 · · · 157
4-1 Eclipse-Tomcat 통계 웹 사이트 설정 · · · 157
4-2 통계 웹 사이트 구현 · · · 159
4-3 통계 시각화 페이지 구현 · · · 162
4-4 보건의료 데이터 통계 시각화 페이지 구현 · · · 166

6장 동적 웹 페이지

1 동적 웹 페이지란? · · · 176

2 자바 스크립트 · · · 176
2-1 자바스크립트의 기본 · · · 179
2-2 자바스크립트 예제 실행 환경 · · · 180
2-3 자바스크립트의 데이터 타입 · · · 181
2-4 자바스크립트의 산술 연산자 · · · 182

2-5 자바스크립트의 비교 및 논리 연산자 · · · · · · · · · · 183
2-6 자바스크립트 반복문 · · · · · · · · · · · · · · · · 184
2-7 자바스크립트의 함수 · · · · · · · · · · · · · · · · 185
2-8 자바스크립트의 외부 참조 · · · · · · · · · · · · · · 186

3 JSON 객체 · 187

4 AJAX의 개념 · · · · · · · · · · · · · · · · · · · 191

7장 동적 시각화

1 동적 시각화란? · · · · · · · · · · · · · · · · · · 200

2 D3.js란? · 201

3 D3.js의 특징 · · · · · · · · · · · · · · · · · · 202

4 D3 실습 · 209

5 D3 예제 및 추가 기능 · · · · · · · · · · · · · · · 214

8장 동적 통계 웹 시스템 구축

1 동적 통계 웹 시스템을 이용한 데이터 시각화 · · · 220
1-1 R에서 JSON 객체 생성 · · · · · · · · · · · · · · 221
1-2 R 통신 객체 생성 · · · · · · · · · · · · · · · · 223
1-3 JSP 페이지를 활용한 JSON 확인 · · · · · · · · · · 227
1-4 D3.js를 활용한 JSON 시각화 1 · · · · · · · · · · 229
1-5 D3.js를 활용한 JSON 시각화 2 · · · · · · · · · · 231

2 동적 시각화 차원분석 추가하기 · · · · · · · · · · 237
2-1 MySQL 스크립트 작성 및 데이터 확인 · · · · · · · 238
2-2 R 히스토그램 확인하기 · · · · · · · · · · · · · · 239
2-3 RServe와 통신 부분 구현 · · · · · · · · · · · · · 240
2-4 D3.js 활용 액션 이벤트 추가하기 · · · · · · · · · 242
2-5 차원분석 팝업 만들기 · · · · · · · · · · · · · · 244

3 마무리하며 · 246

연습문제 풀이 · · · · · · · · · · · · · · · · · · · 248

1장 개요

1 시작하며
2 동적 통계 웹 시스템의 구조

1 시작하며

1-1 목적

1990년 이후 전 세계적으로 인터넷이 확산되면서 사람들은 많은 양의 데이터를 웹상에서 공유할 수 있게 되었다. 우리나라는 발 빠른 정보화를 통해 기업은 물론 여러 기관에서 수작업으로 작업하고 보관하던 문서들을 정보 파일로 컴퓨터에 저장하고 시스템화를 진행하게 되었다. 시스템화를 통해 데이터가 정형과 비정형[1] 형태로 무수히 발생하면서 정보의 홍수(information overload) 개념이 등장하게 되었다. 이러한 정보화는 문서의 데이터화, 파일 시스템으로의 진화를 촉진하고 정보 기술의 발전을 이루면서 기업의 가치 창출 활동에도 큰 영향을 주기 시작하였다.

기업들은 급속한 환경 변화에 대응하기 위해 정보 기술을 활용하게 되었고 오늘날 데이터 분석 업무는 기업 업무의 필수 요소가 되었다. 기업 실무와 IT 기능의 분리가 무의미해진 정보화 시대가 도래한 것이다. 우리는 사회의 다양한 분야에서 정보화를 통해 누적된 데이터들을 여러 측면(비즈니스, 데이터, 애플리케이션, 기술 등)에서 분석하고 이해하기 쉽도록 표현함으로써 정보 체계를 구축·활용하고 있다.

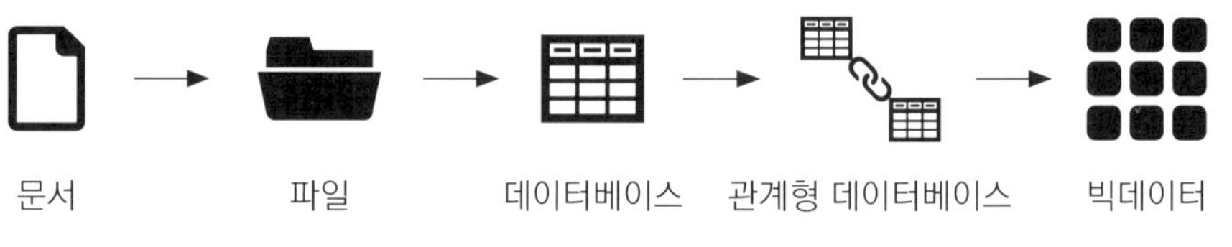

[그림 1-1] 문서의 정보 시스템화

데이터 분석에서 빼놓을 수 없는 것이 바로 데이터 수치화와 통계다. 정보 분석 기술은 수치화된 데이터의 기초통계, 고급통계(시계열, 회귀분석, 군집화 등)를 기반으로 한다. 이를

---

1 정형 데이터(structured data)란 일정한 형식을 갖춘 데이터, 고정된 필드에 저장된 데이터를 말한다. 비정형 데이터(unstructured data)는 일정한 형태나 구조를 지닌 숫자 데이터(numeric data)와 달리 그림이나 영상, 문서처럼 형태와 구조가 다른 정형화되지 않은 데이터이다.

통해 무수히 많은 데이터를 축약한 정보와 시각화한 자료를 산출하여 기업의 의사결정 도구로 활용하고, 연구(분석) 내용을 효과적으로 전달할 수 있다. 이외에도 시각화 기술들을 이용하여 마케팅 모형 구축, 신용평가 모형 개발 등 다양한 업무를 추진할 수 있다.

앞서 말했듯 정보 시스템은 정보를 저장하는 수단, 수치화 등을 위해 만들어진 시스템을 중심으로 발전을 이루어왔다. 그리고 이를 기반으로 유의미한 정보를 얻기 위하여 통계 소프트웨어나 관계형 데이터베이스 관리 시스템(Relational DataBase Management System, RDBMS)을 활용한 분석이 활성화되기 시작했다.

통계 분석을 위한 소프트웨어는 canned software와 interpreter software로 구분할 수 있다. canned software는 사전에 구현된 분석 공식만을 수행하는 것으로, 한정된 분석을 해야 한다는 한계를 지니지만 버튼 몇 개로 빠르고 정확한 분석이 가능하다는 이점이 있다. 대표적 프로그램으로 IBM사의 SPSS가 있다. interpreter software는 분석자가 직접 명령어를 입력해서 통계 모델을 디자인할 수 있는 것으로, 자율적으로 다양한 분석을 할 수 있다는 특징이 있다. 대표적 프로그램으로 R과 SAS가 있다. 한편, 이러한 구분과 별개로 상용 소프트웨어인 SAS, SPSS의 경우 비용 부담이 높아 진입장벽이 존재하며 분석 산출물을 공유하는 데 어려움이 있다.

위의 두 가지 소프트웨어 모두 데이터 분석 결과를 시각화 이미지로 공유할 경우, 분석 데이터가 업데이트될 때마다 이미지 파일을 재생산하는 비효율성을 지니고 있다. 이러한 비효율성으로 인해 다른 사용자와 데이터 분석 결과를 공유 시 스크립트(script) 또는 보고서 형태로 공유하게 되어 관리가 복잡해질 수 있다. 많은 기업체에서는 이 같은 문제를 해결하기 위해 데이터 분석 웹 시스템을 도입해왔다. 하지만 현재 도입되어 있는 데이터 분석 시스템은 원시 데이터가 아닌 통계 분석으로 산출하여 정제한 데이터를 기반으로 시각화를 구현하는 것이 대부분이다. 데이터 분석 시스템을 원시 데이터 기반으로 구현하면 통계적 결과물을 검증하는 데 많은 시간과 비용이 들기 때문이다.

이러한 문제점을 해소하기 위한 방법 중 하나는 정보 시스템과 통계 시스템을 결합하여 시각화하는 방법을 소개하고 학습하는 것으로, 이는 이 책의 목적이기도 하다. 이 책에서 다룰 기술은 RDBMS 기반의 웹 시스템과 오픈소스 통계 프로그램인 R, 웹 데이터 시각화 기술인 D3.js이다. 이러한 기술을 통해 동적인 통계 웹 시스템을 설계 및 구현하는 방법을 제시하고 함께 만들어가며, 통계 분석의 다양한 산출물을 공유하는 데 이 책의 목적이 있다. 더불어 각 기술 간 상호작용을 통해 재분석이 가능한 시스템 구축 기술을 얻고자 한다.

왜 RDBMS를 기반으로 하는지 의문을 갖는 독자들이 있을 것 같아 덧붙인다. 2012년 무렵부터 빅데이터 기술의 발전으로 데이터의 의미와 유의성을 분석하기 위해 통계적인 규칙이나 패턴을 찾아내는 데이터 마이닝 기술이 활용되면서 정보와 통계 간 융합이 중요해졌다. 그러나 빅데이터 시스템은 실용화 단계에 접어들기 전 규모나 투입인원 등 여러 면에서 한계점이 드러나 사람들의 관심은 점점 다른 곳으로 향했다. 구글의 알파고가 빅데이터를 활용한 딥러닝(deep-learning) 기술을 선보이면서 다시 한 번 기반 기술인 빅데이터와 데이터 분석 기술에 대한 관심이 뜨거워지고 있지만 말이다.

과연 우리나라에 하둡(Hadoop)이나 빅데이터 시스템과 같은 대형 데이터 시스템을 다룰 만한 회사가 많이 있을까? 이러한 시스템들은 활용된다면 물론 강력한 기술이지만 우리 현실은 관계형 데이터베이스 관리 시스템, 즉 RDBMS를 활용한 정보통신 기술이 주류를 이루고 있는 실정이다. 따라서 기존 시스템을 빅데이터로 전환하기에 앞서 적재되어 있는 데이터들에 대한 분석이 선행되어야 하고 분석 결과물의 유효성에 대한 검증이 이루어져야 할 것이다.

이 책을 읽고 있는 독자들 또한 빅데이터 하둡과 표현 기술에 대한 정보를 얻거나 활용하고자 본서를 선택했다면, 기존 데이터베이스 기술인 RDBMS를 활용하여 진행할 예제들이 구식으로 느껴질 수 있으니 양해를 구한다. 이 책은 기존 정보 시스템을 통계와 융합해 시각화 기술로 표현해보고자 하는 데이터 과학자 또는 기획자, 개발자들에게 도움이 되고자 쓰였다.

2 동적 통계 웹 시스템의 구조

2-1 프레임워크 설명

기존의 웹 시스템은 데이터베이스 레이어(database layer), 백엔드 레이어(back-end layer), 프론트엔드 레이어(front-end layer) 3단계로 구성되어 있다. 그러나 이 책에서는 데이터베이스, 스테이티스틱스, 백엔드, 프론트엔드 4단계 레이어로 구성하였다. 통계 시스템을 위한 신규 시스템을 구축한 것이 아니라, 기존의 시스템에 스테이티스틱스 레이어(statistics layer)를 추가함으로써 정보 시스템에 통계 시각화 기능을 추가적으로 고도화할 수 있도록 설계한 것이다. 이렇게 설계한 이유는 기존의 정보 시스템을 통계와 융합해보고자 하는 독자들을 위해서다.

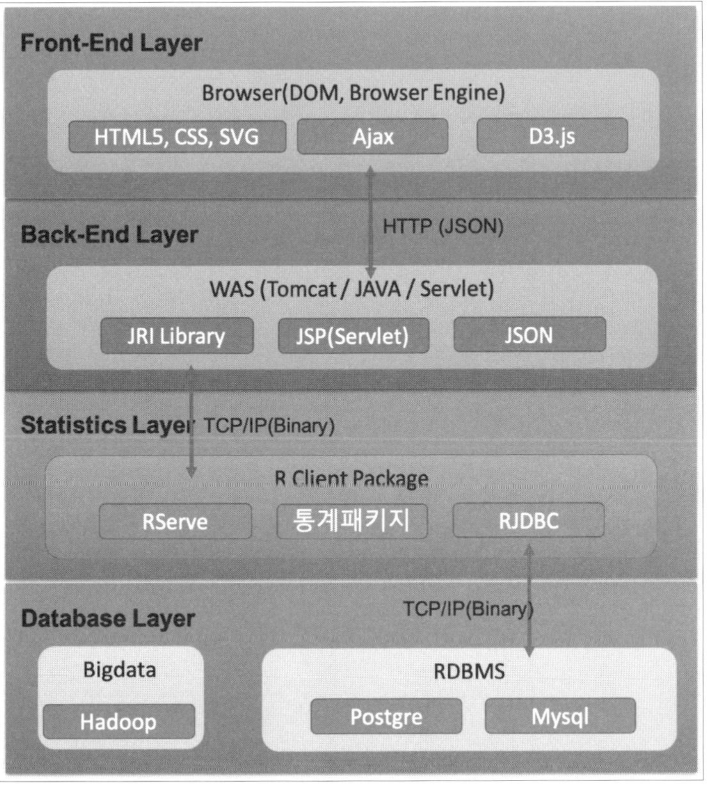

[그림1-2] 레이어 필요 기술 계층도

웹 시스템을 개발해본 독자들은 이러한 내용을 쉽게 이해할 수 있겠지만 각 기술을 경험해보지 못한 초심자들에게는 다소 어렵게 느껴질 수 있다. 레이어마다 사용 기술이 다르므로 레이어별로 다룰 기술들을 각각 살펴보도록 하겠다. 여기 나온 모든 기술을 전문적으로 숙지한다는 것은 굉장히 어려운 일이며, 지금 단계에서는 그럴 필요도 없다. 각 레이어는 곧 하나의 심오한 학문으로, 시스템을 만드는 일은 이 학문들의 결합이라고 볼 수 있다. 호기심이 생기는 레이어(학문)가 존재한다면 데이터 분석 분야에 흥미를 느끼는 것이니 매우 고무적인 일이다. 이 책에서는 독자들이 비교적 쉽게 접근할 수 있는 가벼운 실습들을 다루면서 각 레이어에 대한 이해를 블록을 올리듯 쌓아볼 예정이다.

각 레이어별 다룰 내용은 다음과 같다.

① 데이터베이스 레이어

데이터베이스 레이어는 빅데이터 또는 RDBMS를 말한다. 연구자는 이 단계에서 엑셀 파일(xlsx, csv 등)의 데이터 파일을 연결하여도 된다. 실습은 오라클(Oracle)사의 마이에스큐엘(MySQL)을 사용하여 국민건강보험공단의 건강검진 데이터를 활용한 데이터베이스를 구성하고 결과물을 출력하는 간단한 과정을 해볼 것이다.

② 스테이티스틱스 레이어

이 단계에서는 통계 소프트웨어 R Client 프로그램으로 CRAN(Comprehensive R Archive Network)을 활용해서 만들어진 데이터베이스를 연결하여 건강검진 데이터의 확률 분포를 그리는 실습을 할 예정이다. 그리고 통계서버를 구성하여 TCP/IP 통신으로 R스크립트(RScript) 실행과 분석 결과를 웹 서버와 송수신할 수 있는 'Rserve' 패키지를 설치하고, 통계서버를 구성하는 실습을 진행해볼 예정이다.

③ 백엔드 레이어

이 단계에서는 WAS(Web Application Server)를 구축하고 JSP(Java Server Page) 기술을 사용하여 요청과 응답을 구현하고, 통계서버와 통신 및 해석(parsing)을 할 수 있는 JRI 라이브러리를 사용하여 통계 결과물을 웹 페이지에 띄우는 실습을 다룰 예정이다.

④ 프론트엔드 레이어

이 단계에서는 인터넷 브라우저를 통해 사용자가 접근했을 때 브라우저에 내장된 자바스크립트(JavaScript) 엔진과 문서 객체 모델(Document Object Model, DOM)을 활용하여 D3.js 라이브러리를 로드해볼 것이다. 아울러 웹 서버에서 전송된 JSON 객체를 AJAX 기술을 활용해 해석하여 D3.js 기술을 통해 동적인 사용자 인터페이스(User Interface, UI) 기능을 표현하는 방법을 실습해볼 것이다.

이렇게 네 가지 레이어에 대하여 ①~④까지 순차적으로 기초적인 실습을 진행할 예정이다. 다양한 분야를 다루는 만큼 처음 실습을 진행하는 분들은 지치지 말고 찬찬히 따라오길 바란다. 기존에 이미 특정 분야를 경험해본 분들은 각 레이어별 기초적인 설명 부분은 건너뛰고 필요한 부분민 발췌해 프로젝트나 필요한 업무에 활용하기를 추천한다.

2-2 프레임워크 상호작용

앞에서 설명한 프레임워크에 따라 동적 통계 웹 시스템을 구현하였을 경우, 각 레이어의 통신 방식을 [그림 1-3]과 같이 표현하였다. 4단계 레이어에서 통신하는 객체와 방식은 세 가지다.

① 데이터베이스 레이어와 스테이티스틱스 레이어 간 통신

이 경우에는 CRAN을 활용한 RMySQL 패키지를 설치한 후 데이터베이스로 데이터 요청(query script)을 보낸 후 R 배열(array) 형태로 결과값을 받아 시각화 또는 백엔드(back-End) 통신에 활용한다.

② 스테이티스틱스 레이어와 백엔드 레이어 간 통신

이 경우에는 WAS(웹 서버)를 구축하고 JRI 라이브러리에서 제공하는 분석 요청(R스크립트)을 보내고 R 배열 형태를 REXP 객체로 파싱하여 결과값을 받는다. 사용자로부터 들어온 HTTP/HTTPS 요청(request)에 대해 응답(response)한다.

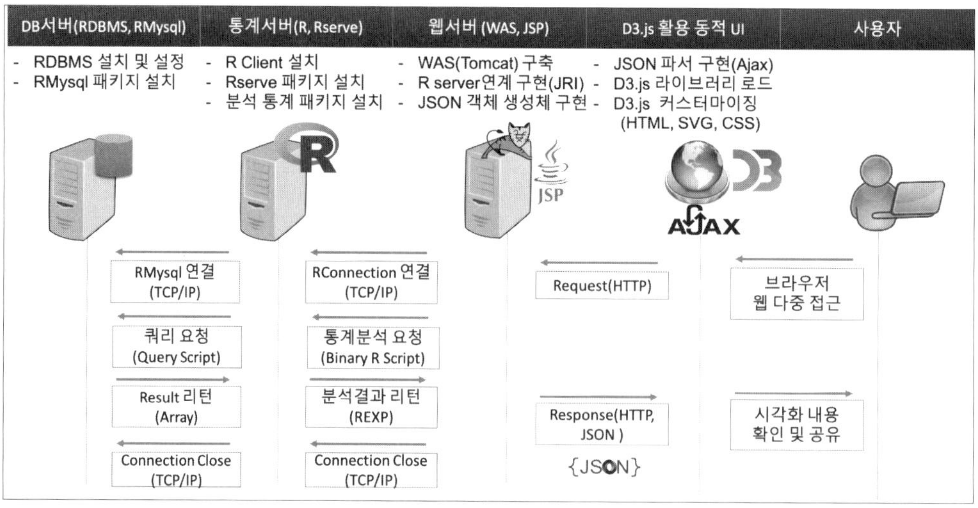

[그림 1-3] 동적 통계 분석 시각화 프레임워크 상호작용

③ 백엔드 레이어와 프론트엔드 레이어 간 통신

이 경우에는 HTTP/HTTPS 통신을 기반으로 HTML 문서와 JSON 객체를 자바스크립트 기반 기술을 활용하여 해석하고 시각화한다.

위에 소개한 각 시스템 간 통신에서 어떠한 요청과 결과값을 주고받는지 확인한 후 본인이 관심을 느끼는 분야, 강점을 지니는 분야를 좀 더 깊이 살펴보길 바란다.

2장
데이터베이스

1 데이터베이스란?
2 데이터베이스 설치하기
3 데이터베이스 명령어 SQL
4 데이터베이스

1 데이터베이스란?

1-1 데이터베이스의 개념

데이터베이스(Data Base, DB)란 여러 사람이 공유하고 사용하기 위해 통합·관리하는 정보의 집합체라 할 수 있다.[1] 1950년대에 데이터베이스라는 용어가 미국에서 처음 사용되었는데, 군비의 집중적·효율적 관리를 위해 컴퓨터를 활용한 도서관 개념을 개발하면서 이를 '데이터 기지'라는 뜻의 데이터베이스로 일컫게 되었다고 한다.

오늘날 데이터베이스는 논리적으로 연관된 하나 이상의 자료의 모음으로서 내용을 고도로 구조화하여 자료 검색과 관리 효율화를 꾀하는 데 활용된다. 사용자들은 데이터베이스에 공통으로 접근함으로써 동일한 자료라 할지라도 각자의 응용 목적에 따라 다르게 쓸 수 있다. 데이터베이스의 특징을 꼽아보면 다음과 같다.

- 실시간 접근성
- 지속적 변화
- 동시 공유
- 내용에 대한 참조
- 데이터의 논리적 독립성

1-2 관계형 데이터베이스 관리 시스템

관계형 데이터베이스 관리 시스템(Relational DataBase Management System, RDBMS)은 데이터베이스(통합·관리되는 정보의 집합체)를 관계형으로 관리하는 시스템이라고 정의할 수 있다. '관계형으로 관리한다'는 의미를 좀 더 쉽게 설명하기 위해 어느 학교의 학생 명

1 http://ko.wikipedia.org/wiki/데이터베이스

부를 예로 들어 설명해보자.

[표 2-1] 담임교사 배정 학생 명부

학생명	반	학번	교사번호	교사명
오세영	3-3	000000001	111111111	황치숙
박창주	3-3	000000002	111111111	황치숙
이용기	3-3	000000003	111111111	황치숙
...	...	...	...	...

위의 표는 교사 정보가 중복되는 비효율적인 문서라 할 수 있다. 여기서 학생 리스트와 교사 리스트로 문서를 구분하면 다음과 같은 2개의 표로 나타낼 수 있고, 이를 그림으로 표현하면 [그림 2-1]과 같다.

[표 2-2] 교사 명부와 학생 명부

학생명	반	학번
오세영	3-3	000000001
박창주	3-3	000000002
이용기	3-3	000000003
...	...	...

교사번호	교사명	반
111111111	황치숙	3-3
111111112	유의국	3-4
...	...	

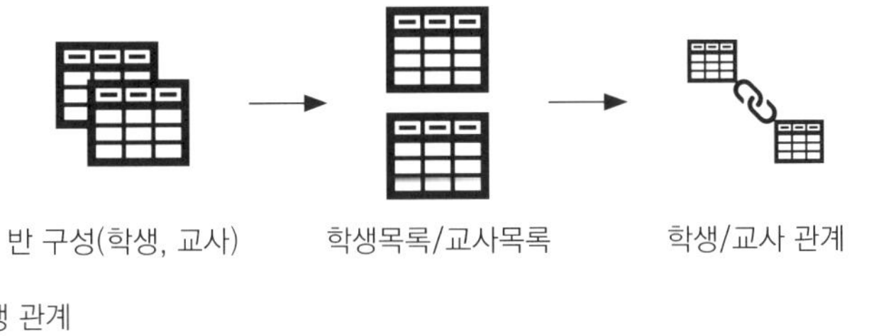

[그림 2-1] 교사와 학생 관계

이처럼 자료를 구분하는 것을 '데이터베이스화' 과정이라고 볼 수 있다. 위의 표에서 교사와 학생은 '3-3반이라는 공통점'으로 묶을 수 있는데 이것이 바로 데이터베이스에서의 '관계'다.

관계형 데이터베이스 시스템은 누적되는 방대한 양의 데이터를 효율적으로 관리할 수 있도록 도와주고, 데이터에서 다른 의미(가치)를 찾을 수 있도록 이끄는 유용한 도구로서 다양한 분야에서 널리 사용되고 있다.

2 데이터베이스 설치하기

2-1 관계형 데이터베이스 시스템 MySQL 설치하기

RDBMS 중 MySQL이라는 솔루션을 설치해보자. 스웨덴 기업인 MySQL AB사가 개발한 MySQL은 전 세계적으로 널리 사용되는 오픈소스[2] 데이터베이스였으나, 선마이크로시스템스(Sun Microsystems, Inc.)를 거쳐 현재는 오라클사의 소프트웨어다.

MySQL의 상용 버전은 유료이지만 이 책에서 사용할 버전은 커뮤니티(community) 버전으로 무료이며 GNU General Public License(GPLv2)[3]의 적용을 받는다. GPLv2에 대하여 저작권위원회에서 운영하는 오픈소스 SW 라이선스 종합정보시스템에 나와 있는 내용을 발췌해보면 다음과 같다.

---

2 오픈소스란 원시 코드를 누구나 열람할 수 있도록 한 소프트웨어를 말한다. 또는 오픈 소스 사용권(open-source license)에 준하는 통칭이다.

3 https://www.olis.or.kr/license/Detailselect.do?lId=1004

[표 2-3] 오픈소스 SW GPLv2

복제, 배포, 수정의 권한 허용	가능
배포 시 라이선스(license) 사본 첨부	가능
저작권 고지사항 또는 어트리뷰션(attribution) 고지사항 유지	가능
배포 시 소스코드 제공 의무(reciprocity)와 범위	WORK BASED ON THE CODE
조합저작물(lager work) 작성 및 타 라이선스 배포 허용	조건부 가능
수정 시 수정내용 고지	명시되어 있지 않음
명시적 특허 라이선스의 허용	명시되어 있지 않음
라이선시(licensee)가 특허소송 제기 시 라이선스 종료	명시되어 있지 않음
이름, 상표, 상호에 대한 사용 제한	명시되어 있지 않음
보증의 부인	가능
책임의 제한	가능

이러한 라이선스를 명시하는 이유는 GPLv2로 개발한 내용을 GPL로 공개해야 하기 때문이다. 즉 회사에서 서버를 구축한 후 상용화해야 한다면, 상용 MySQL의 라이선스를 구매하거나 또는 다른 DBMS 소프트웨어의 사용을 염두에 두어야 한다.

MySQL을 설치하려면 구글에서 MySQL을 검색해 다운로드 링크로 진입하거나, dev.mysql.com/downloads/mysql로 접근하여 개인용 커뮤니티 버전을 내려받는다. 일반적으로 많이 사용하는 OS인 Mac과 Windows 두 환경에서 MySQL을 설치하는 방법을 살펴보기로 하자.

2-2 Windows용 MySQL 설치하기

1) MySQL 다운로드 및 설치

① Windows 환경에서 커뮤니티 버전의 다운로드 버튼을 클릭할 경우 플랫폼에 맞는 다운로드 홈페이지로 접근하게 된다. 이때 스크롤바를 아래로 내려보면 Windows 환경

에 맞는 설치 프로그램 다운로드 링크가 보인다. 다음 그림을 참고하여 msi 파일을 다운로드한다(여기서는 MySQL Version 8.0으로 진행함). MSI Installer 중 용량이 큰 버전을 선택하여 다운로드를 진행한다.

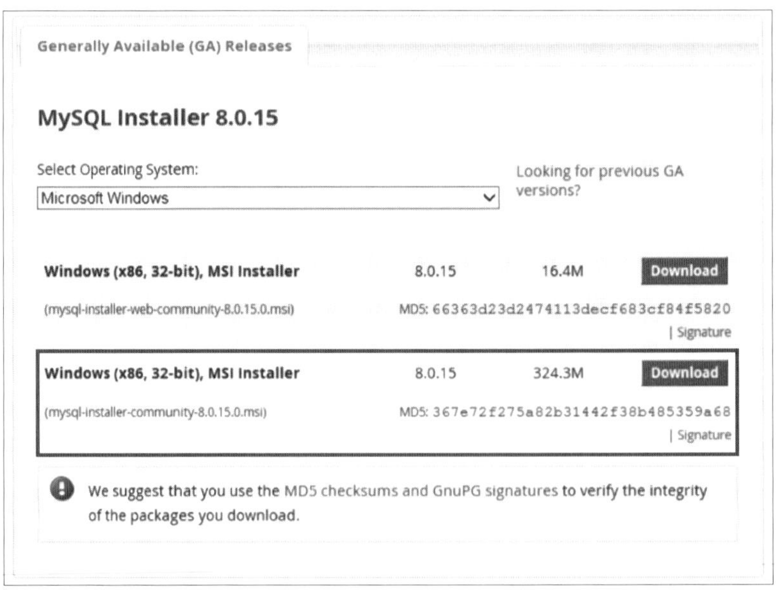

② 로그인 여부를 선택할 수 있는데 여기서는 계정이 없는 경우를 가정해 'No thanks, just start my download'를 눌러 다운로드해본다.

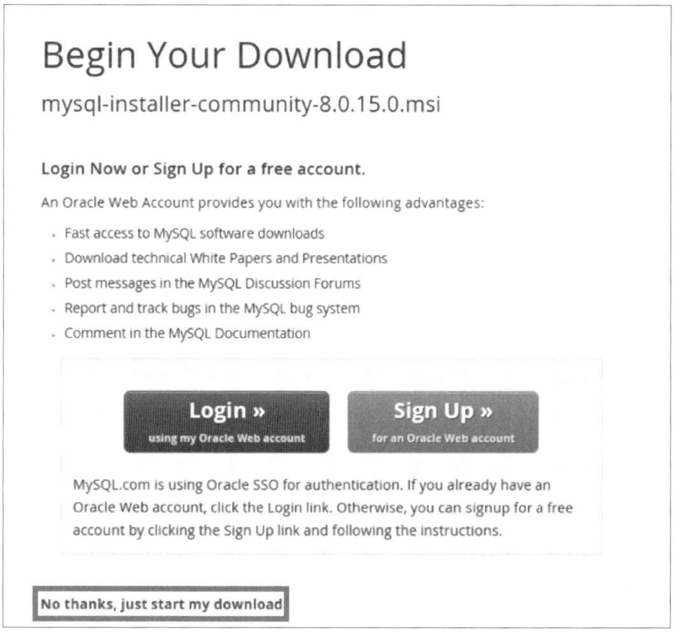

③ 다운로드받은 MySQL Installer.msi 파일을 클릭하여 실행해보도록 하자.

④ 설치 중 아래와 같이 MySQL 실행에 필요한 .Net Framework 4.5.2[4]를 설치해야 한다는 경고창이 뜰 수 있다. 이런 경우 경고창에 표시된 링크로 이동하거나 구글에서 .Net Framework 4.5.2 또는 경고창에 노출된 .Net Framework를 검색해서 다운로드받아야 한다. 이때 주의할 점은 구글에서 나온 홈페이지 중 microsoft.com에서 제공하는 프로그램만 주의해서 다운로드받아야 한다는 것이다.

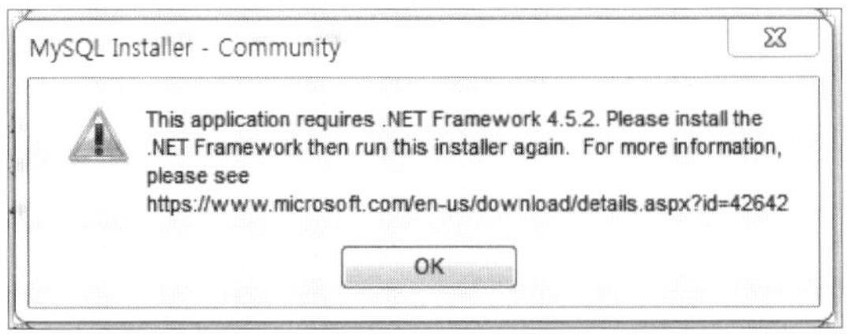

4 닷넷 프레임워크(.Net Framework)란 마이크로소프트에서 개발한 Windows 프로그램 개발 및 실행 환경을 말한다.

⑤ .Net Framework 4.5.2를 설치한 후 MySQL Installer.msi가 정상적으로 실행되면 아래와 같이 MySQL 설치 화면이 나타난다. 'I accept the license terms'를 체크하고 활성화된 Next 버튼을 누른다.

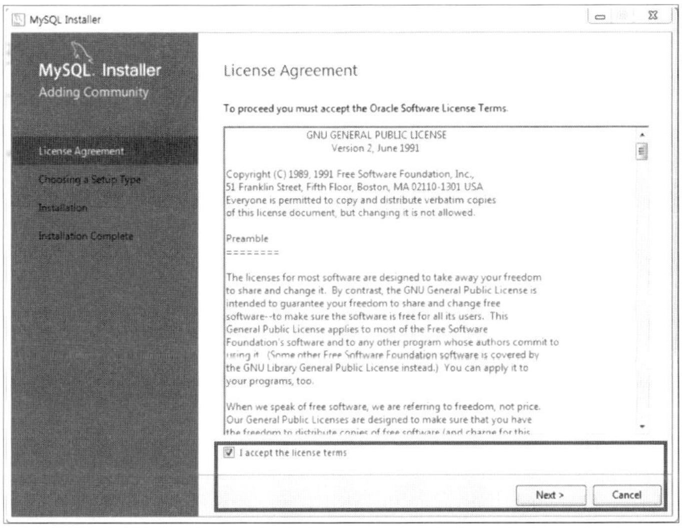

⑥ Setup type 선택 화면에서 Custom을 선택하거나 Full 또는 Developer Default를 선택해야 한다. 이 책에서 필요한 기능은 MySQL Server와 Workbench이다. Router는 벡-엔드 레이어에서 직접 연결할 경우 필요한 기능으로 선택 사항이므로 설치하지 않아도 된다.

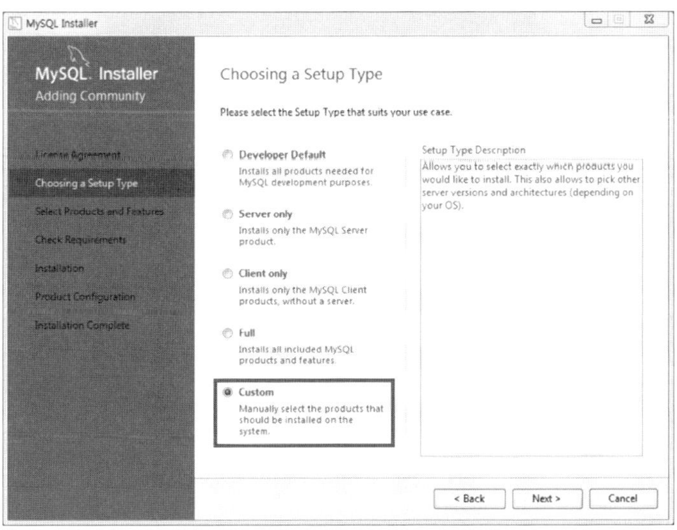

⑦ Custom 화면 왼쪽의 Available Products 영역에서 Server/ Workbench를 선택하여 화살표로 To Be Installed 영역으로 이동시켜보자. 그런 다음 Next를 눌러 해당 프로그램들을 설치해보자.

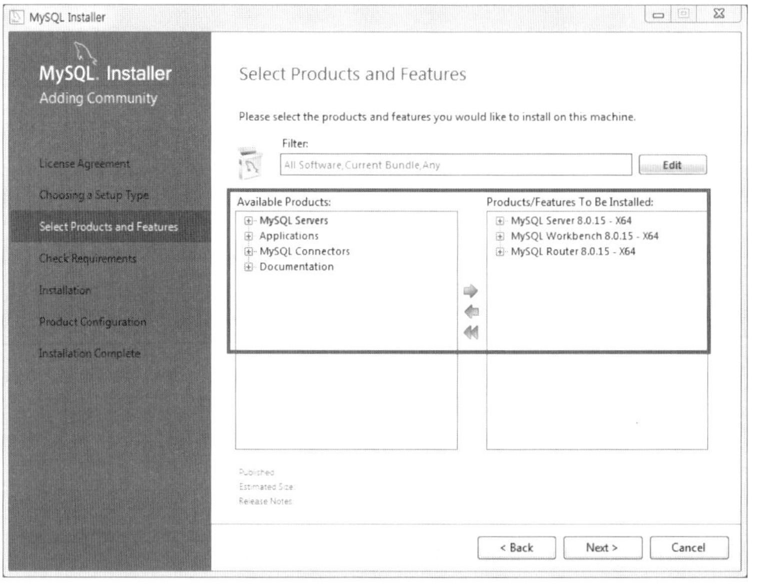

⑧ 초심자분들은 Requirements에 나온 Microsoft Visual C++ 2015 Redistributable Package를 구글에서 검색하여 다운로드하고 프로그램 설치를 진행해보자.

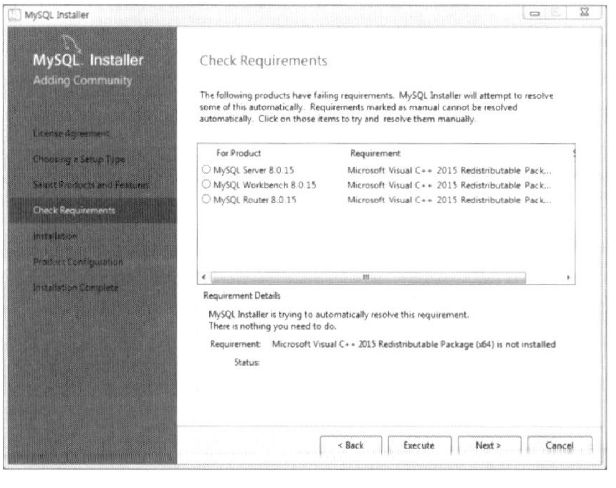

⑨ 드디어 설치 준비가 완료된 화면이 나타난다. Ready to Install 상태를 확인한 후 Execute 버튼을 눌러 설치를 실행한다. 이상 없이 설치되었을 경우 Complete상태가 나오게 된다. 에러 발생 시에는 Notes나 MySQL document를 참고해 필요한 소프트웨어를 설치하거나 다시 설치 과정을 밟아본다.

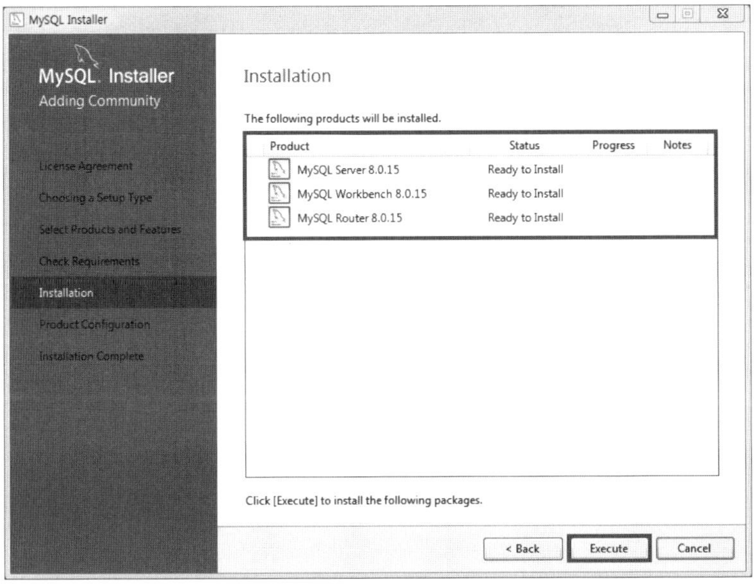

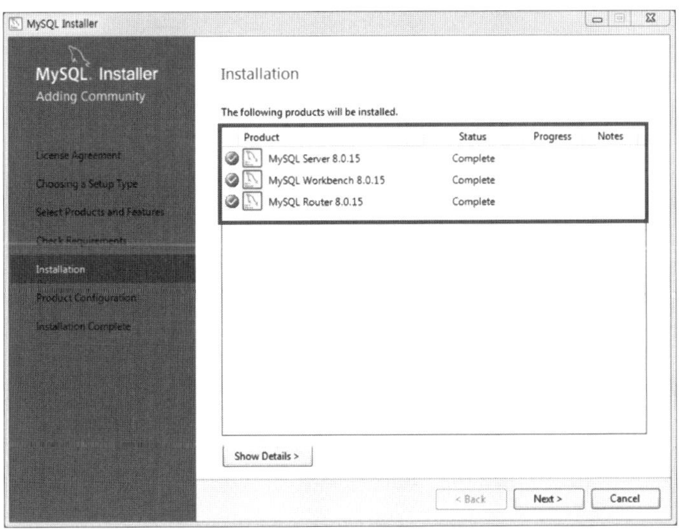

2) Windows에서 MySQL 구성하기

① 'Ready to Configuration'을 확인한 후 Next 버튼을 누르면 Configuration 화면으로 이동하게 된다. Group Replication : Standalone MySQL Server/Classic MySQL Replication을 선택한 후 Next를 누른다.

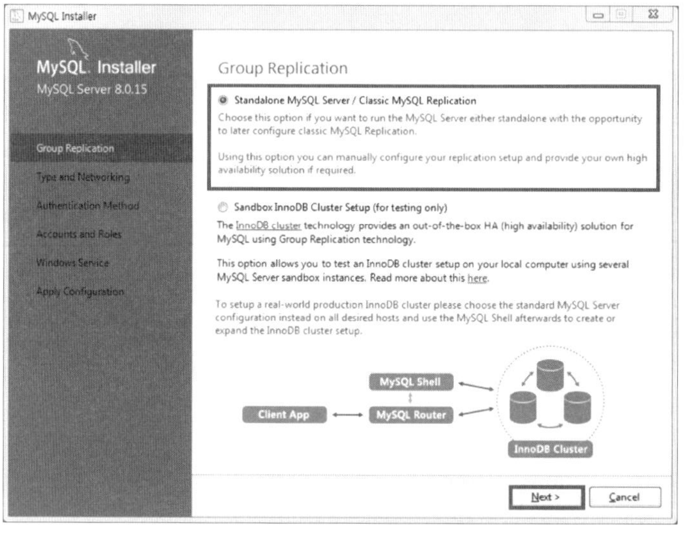

② Type & Networking : Config Type은 Development Computer를 선택하고, Connectivity는 기본 설정인 TCP/IP를 선택한 후 Port는 3306, 서버명은 MySQL로 설정하고 Next를 선택한다. 이때 DB서버용으로 설정할 경우 Server Computer 설정으로 진행하되, MySQL 커뮤니티 버전은 상용 서비스 서버를 구축할 경우 DB서버 오라클사로부터 구축 라이선스 비용이 청구될 수 있다는 점을 주의해야 한다.
한편 MySQL이 설치되어 있을 때, 또는 Port를 중복해 사용할 때에는 기존 설치된 MySQL을 사용하거나 Port명 서버명을 변경하도록 하자.

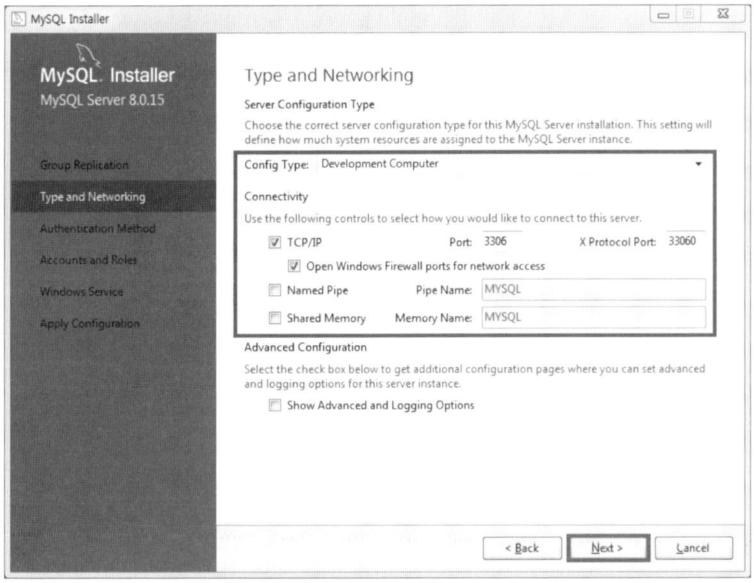

③ Authentication Method : Use Legacy Authentication Method를 선택한다.

향후 서비스화하는 DB 구성에 MySQL을 도입할 경우에는 MySQL Recommend 옵션인 Use Strong Password Encryption For Authentication Method를 선택하는 것이 보안적 측면에서 좋다.

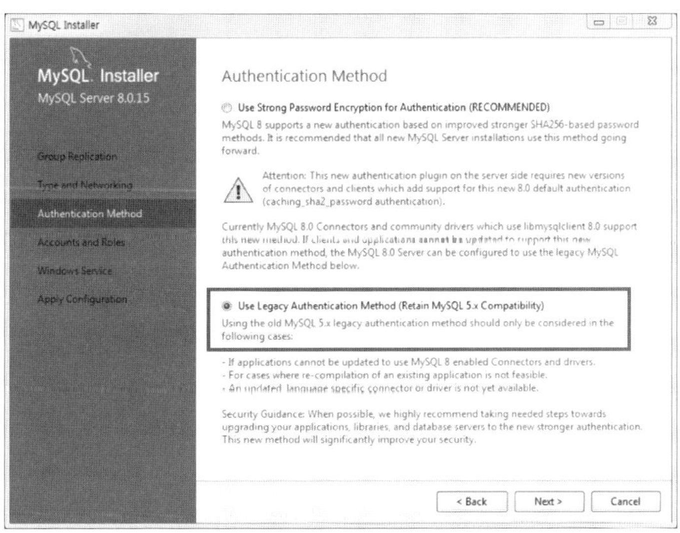

④ Accounts and Roles: MySQL Root Password/Repeat Password를 기입하고 필요한 경우 MySQL User Accounts 영역에서 Add User를 만들자.

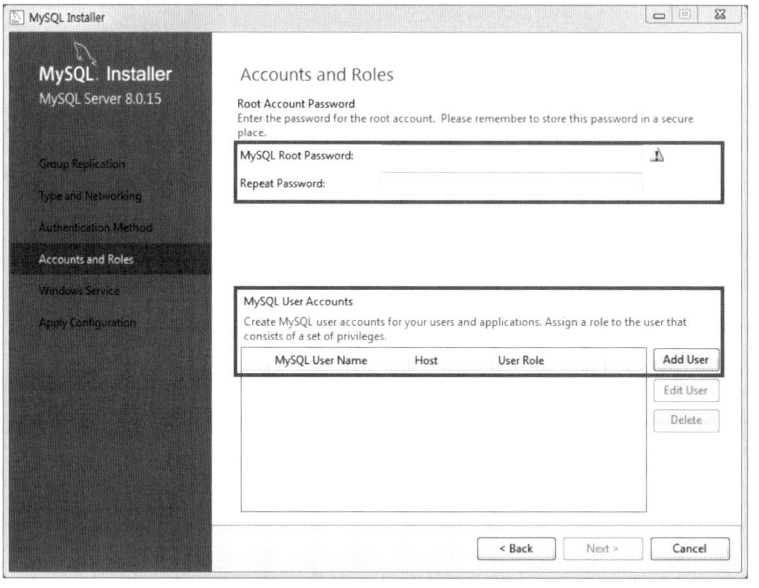

⑤ MySQL root 계정 외에 우리가 사용할 사용자를 분리하는 것이 좋다. 물론 root 계정으로 나와 있는 예제를 돌려보는 것도 좋으나, 보통 서비스를 오픈할 때 root 계정과 port를 같이 사용하는 일은 보안상 몹시 위험한 행동이니 유의해야 한다.

Add User를 선택하여 User Name을 정하고, Role은 User Admin으로 선택한 후 Password를 입력하여 추가한다. User명은 보통 접속 서비스명으로 짓는데, 본서에서는 3장에서 다룰 R에서 접속할 것이므로 RUser로 명칭을 정했다.

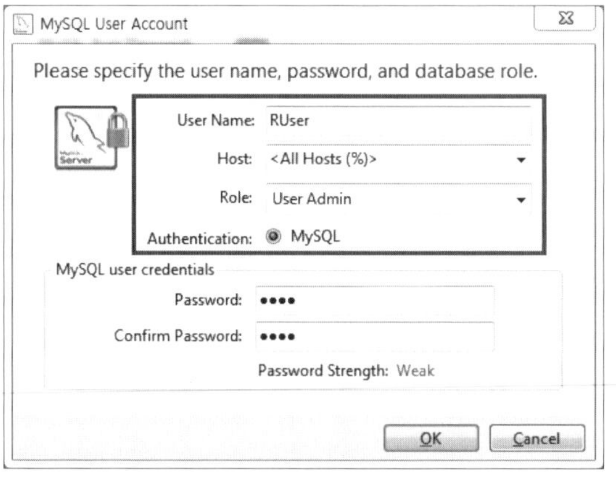

⑥ Windows Service: 학습용 환경에서 필요할 경우에만 MySQL을 사용하고 싶은 독자들은 Configure MySQL Server as a Windows Service를 선택하여 Start the MySQL Server at System Startup을 체크해제하기 바란다. 네트워크 또는 자체 시스템에서 노출되는 Service Name을 변경하고 싶다면 Windows Service Name을 변경하도록 한다.

필요할 경우 Run Windows Service as 옵션을 사용하여 Windows Administrator 계정 외에 다른 사용자를 사용하여 서비스를 Start/Shutdown 할 수 있으나 Standard System Account를 디폴트로 놓고 진행하자.

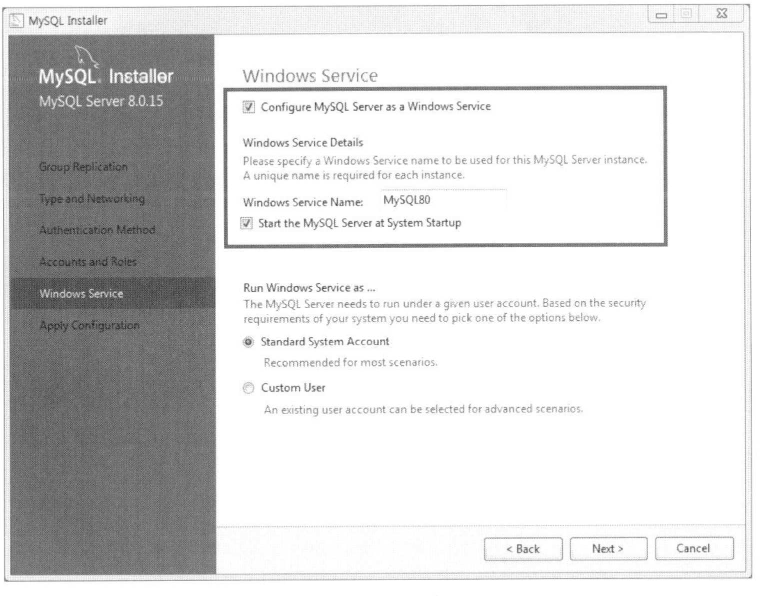

⑦ 이제 모든 환경 설정(configuration)이 끝났다. Apply Configuration에서 Execute 버튼으로 설정을 적용해보자.

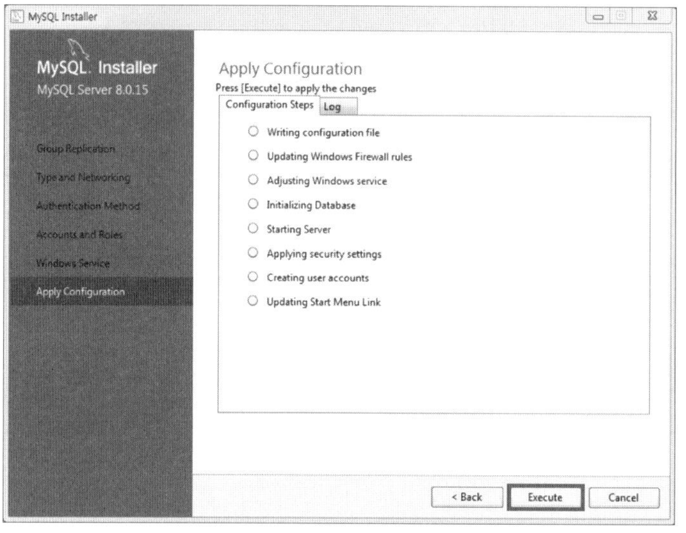

⑧ Finish 버튼을 눌러 설치와 설정 적용을 완료한 후 Workbench를 실행하면 다음과 같은 화면이 나타난다.

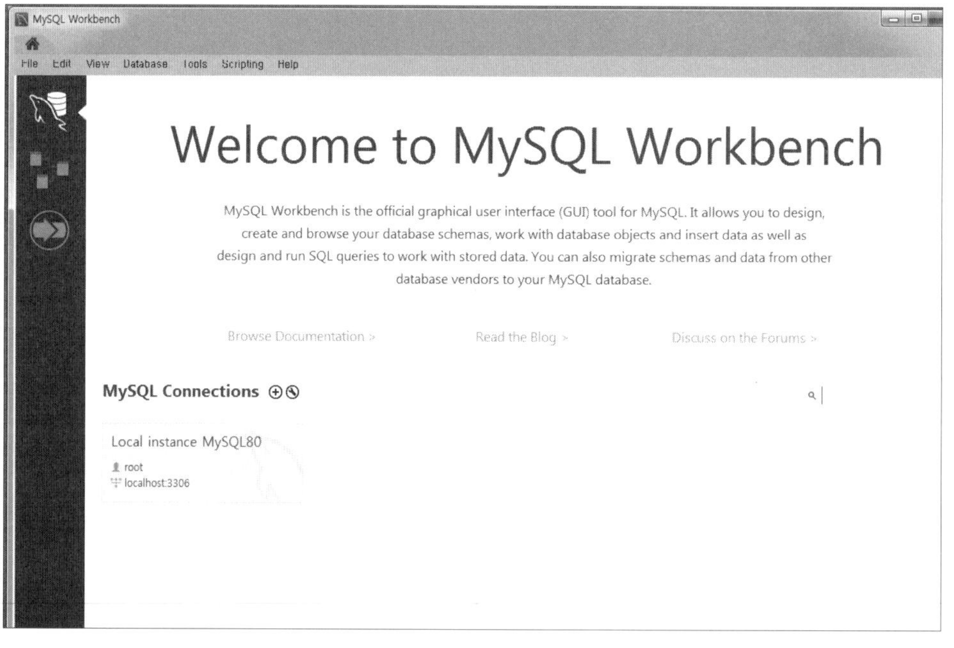

⑨ MySQL 서비스가 왼쪽 하단의 MySQL Connections에 나타난 것을 확인할 수 있다. 선택하여 로그인이 정상적으로 접속되는지 확인한다.

2-3 Mac OS용 MySQL 설치하기

1) Mac OS에서 MySQL 다운로드 및 설치

① Mac OS 환경에서 커뮤니티 버전의 다운로드 버튼을 클릭할 경우 플랫폼에 맞는 다운로드 홈페이지로 접근하게 된다. 아래로 스크롤바를 내려보면 Mac OS 환경에 맞는 설치 프로그램 다운로드 링크가 보인다. 다음 그림을 참고하여 dmg 파일을 다운로드한다.

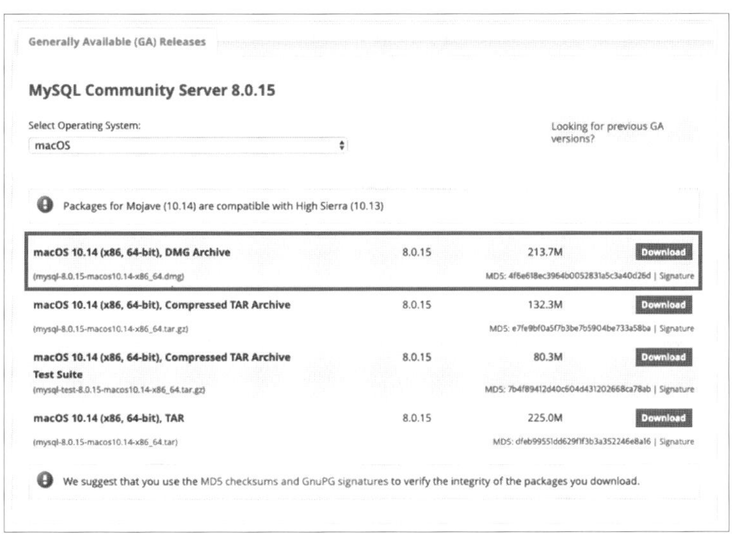

② 앞서 살펴본 MySQL Windows용 다운로드 시작 화면을 참고해 로그인/회원가입을 한 후 다운로드 또는 'No thanks, just start my download'를 눌러보자.

③ 다운로드받은 MySQL Installer.dmg 파일을 받아서 실행하면 다음과 같은 화면이 나타난다. pkg 파일을 클릭하여 설치 파일을 실행한다.

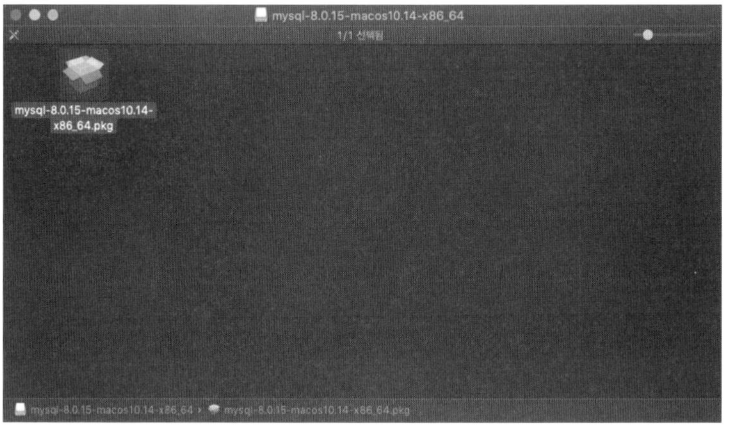

④ MySQL 설치 파일에 대한 소개를 확인할 수 있다. 소개 화면에서 계속 버튼을 눌러 진행해본다.

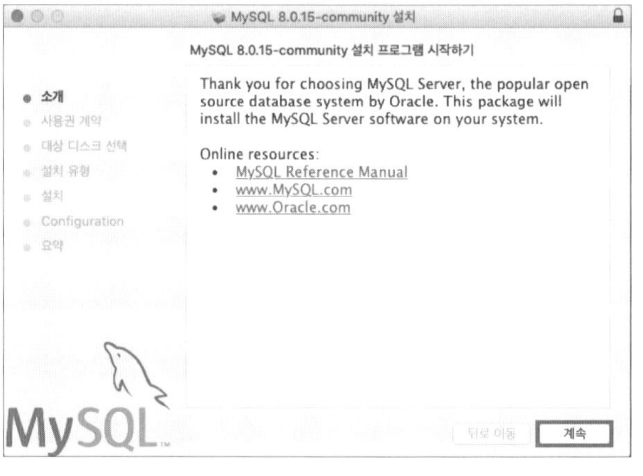

⑤ 앞(2-1절, p.20)에서 언급했던 MySQL GNU General Public License를 확인할 수 있다. 소개 화면에서 계속 버튼을 누른 후 사용권 계약서 확인에 대해 동의한다.

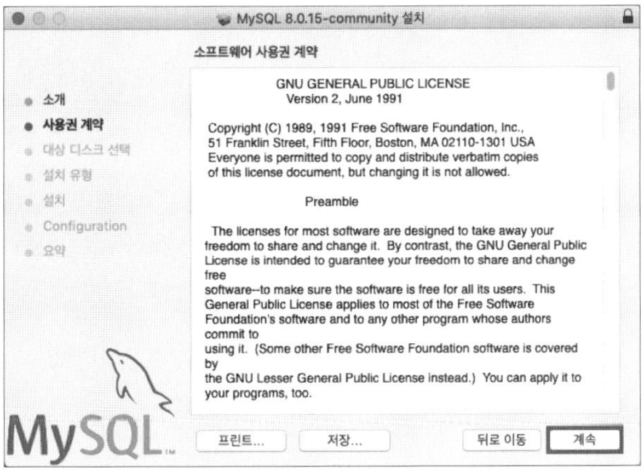

⑥ MySQL 설치 위치를 설정하는 화면이 나타난다. 설치를 원하는 위치에 설정을 하고 '사용자화'를 보면 SQL Server 외에 Test, Update 등이 나오는데, Mac OS용 MySQL은 별도의 통합 패키지이고 MySQL 단일 패키지이므로 사용자화 없이 진행하도록 하자.

설치가 완료되면 Configuration화면으로 이동하게 된다.

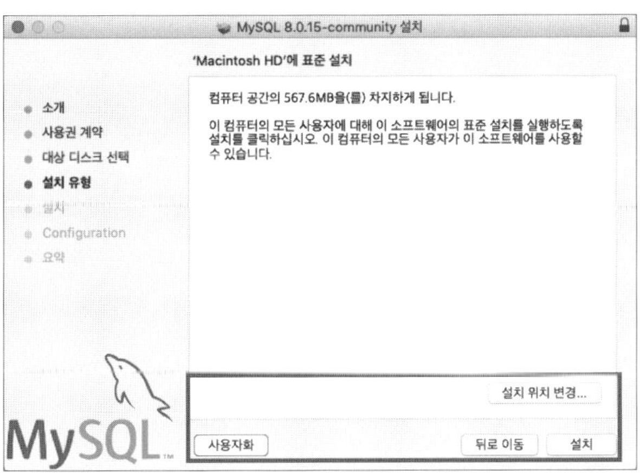

2) Mac에서 MySQL 구성하기

① 설치 완료 후 Configuration의 첫 번째는 접속 암호화 수준을 설정하는 것이다. 간단한 테스트 용도이기 때문에 Use Legacy Password Encryption을 선택하여 진행한다. 향후 상용화 서버 운용 시에는 Use Strong Password Encryption을 설정할 것을 권장한다.

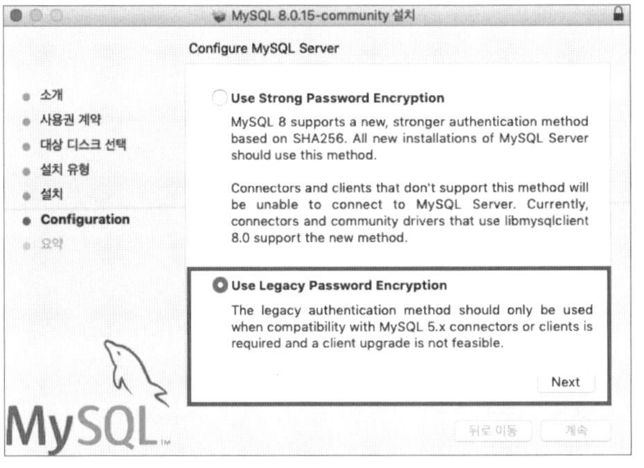

② Next 버튼을 눌러 root 사용자의 암호를 설정하고 Finish 버튼을 누르면 설정 마무리와 동시에 설치가 완료된다.

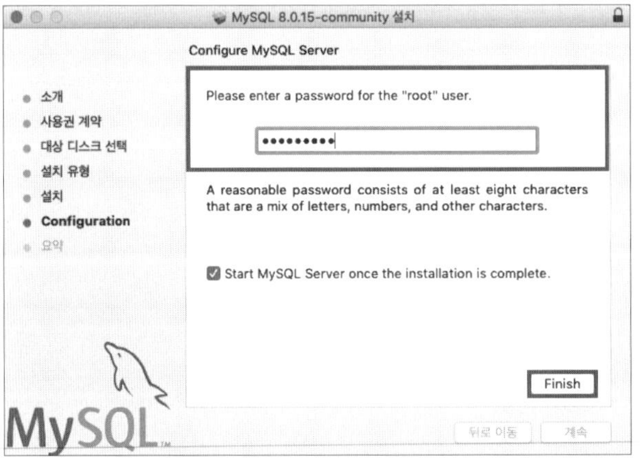

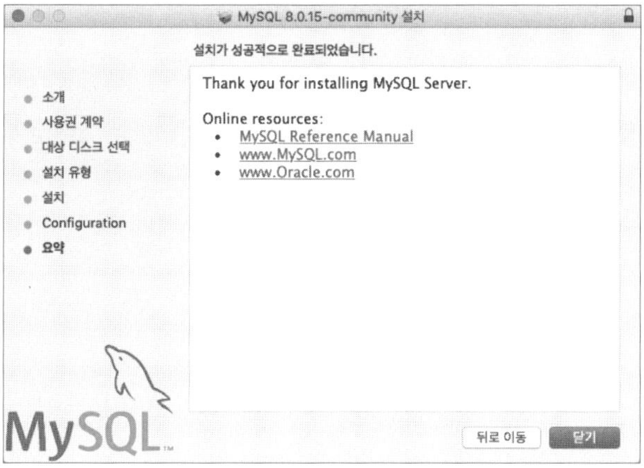

③ 시스템 → 환경설정 하단에 MySQL의 돌고래 아이콘이 노출되어 있으면 설치가 제대로 된 것이다. 아이콘을 클릭해 Instance 탭에서 설치된 MySQL과 활성화된 데이터베이스를 확인할 수 있다. Start/Stop 버튼을 통해 서버 활성화도 컨트롤할 수 있다.

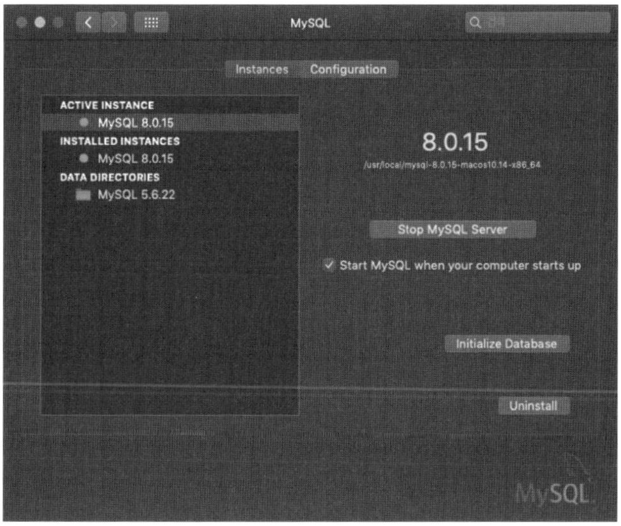

④ MySQL 데이터베이스를 설치한 후 Mac OS 터미널을 이용하여 이를 사용할 수 있지만 여기서는 좀 더 관리가 용이한 WorkBench 설치를 진행해보도록 하자. http://dev.MySQL.com/downloads/workbench/에 접속하여 Mac용 dmg 파일을 다운로드받는다.

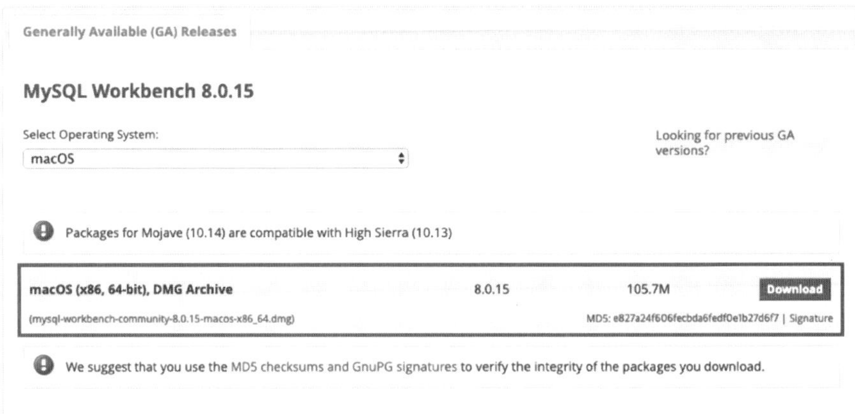

⑤ 앞서 살펴본 MySQL Windows용 다운로드 시작 화면을 참고하여 로그인/회원가입 절차를 밟는다. 다운로드 또는 'No thanks, just start my download'를 누른 후 dmg 파일을 실행하면 아래와 같은 화면이 나타난다. 이때 Workbench 아이콘을 드래그하여 Applications으로 이동시키면 설치가 완료된다.

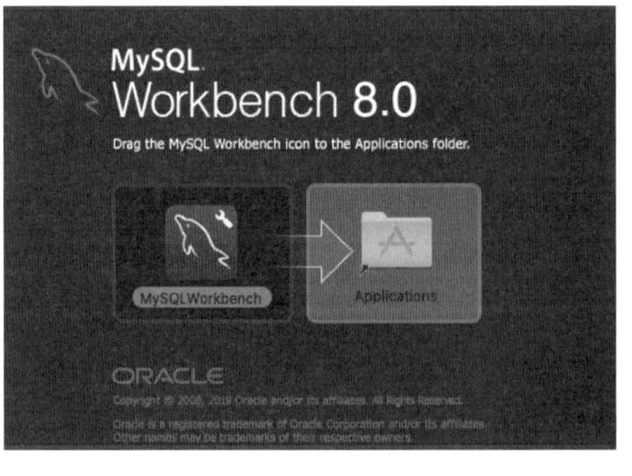

⑥ Workbench를 실행하면 다음과 같은 화면이 노출된다.

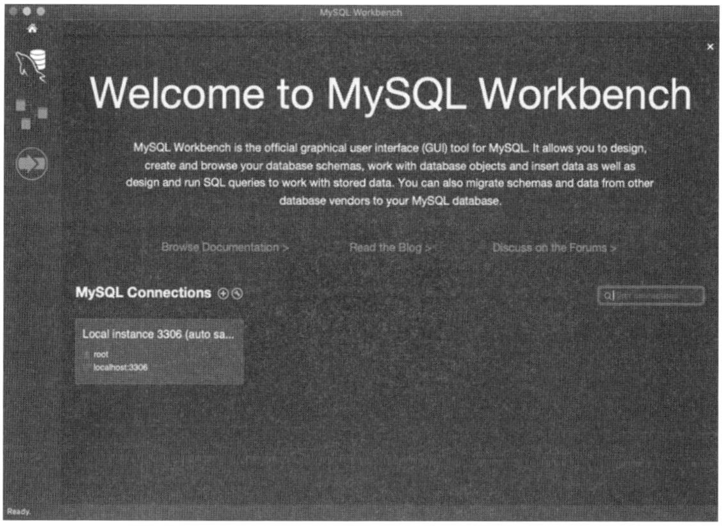

⑦ 설치한 MySQL 서비스가 왼쪽 하단의 MySQL Connections에 나타난다. 선택하여 로그인이 정상적으로 접속되는지 확인한다.

3) MySQL 설치 확인하기

① Workbench에서 로그인이 되면 정상적으로 설치된 것이다. 그러나 혹시 모를 기이한 버그가 발생할 수 있으니 설치가 정상적으로 진행되었는지 SQLFile에서 확인해보자.

```
> SHOW VARIABLES LIKE '%VERSION%'
```

② 번개 모양의 Execute 버튼을 눌러 실행하거나 Ctrl+Enter 키를 누르면 설치 버전을 확인하는 쿼리문이 실행되고, 정상 설치 및 실행을 확인할 수 있는 결과가 나타난다.

Variable_name	Value
immediate_server_version	999999
innodb_version	8.0.15
original_server_version	999999
protocol_version	10
slave_type_conversions	
tls_version	TLSv1,TLSv1.1,TLSv1.2
version	8.0.15
version_comment	MySQL Community Server - GPL
version_compile_machine	x86_64
version_compile_os	macos10.14
version_compile_zlib	1.2.11

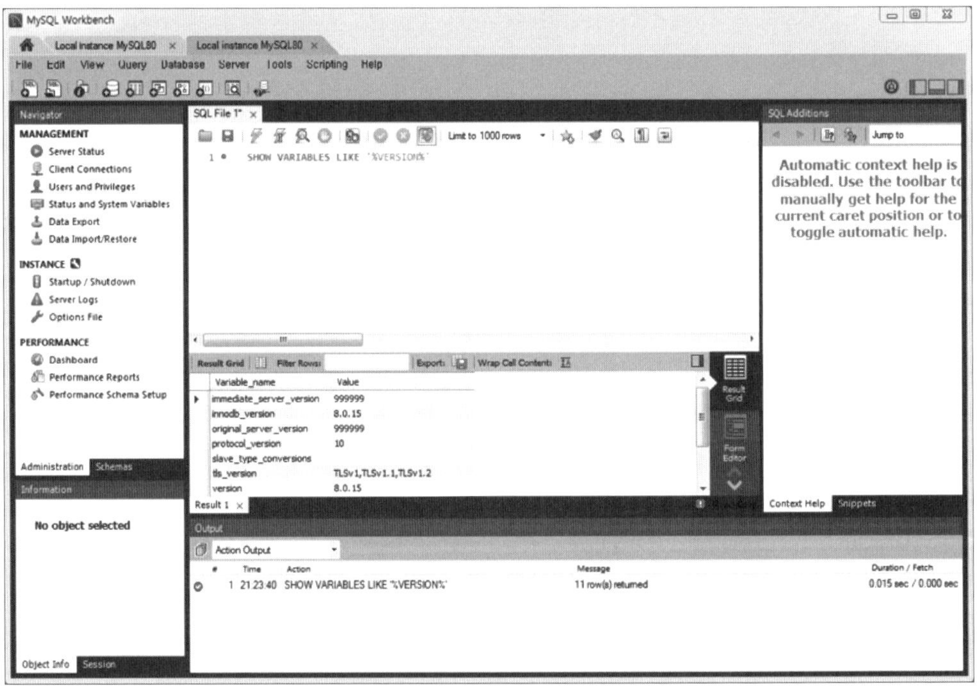

3 데이터베이스 명령어 SQL

SQL(Structured Query Language)은 관계형 데이터베이스 관리 시스템(RDBMS)의 데이터를 관리하기 위해 설계된 특수 목적의 프로그래밍 언어다.[5] 명령어로 자료 검색과 관리, 데이터베이스 스키마 생성과 수정, 데이터베이스 객체 접근 조정 관리 등을 용이하게 해준다. 많은 데이터베이스 관련 프로그램들이 SQL을 표준으로 채택하고 있다.

SQL 문법의 종류는 크게 다음 세 가지로 구별할 수 있다.

- **데이터 조작 언어**(Data Manipulation Language, DML): 대상 데이터의 검색, 등록, 업데이트 및 삭제를 위한 언어 또는 언어 요소
- **데이터 정의 언어**(Data Definition Language, DDL): 데이터 구조의 생성, 업데이트, 삭제를 위한 언어 또는 언어 요소
- **데이터 제어 언어**(Data Control Language, DCL): 액세스 제어를 위한 언어 또는 언어 요소

이 책에서 다룰 언어는 조작 언어 DML과 정의 언어 DDL 일부이다.

3-1 데이터 조작 언어

데이터 조작 언어(DML)는 데이터베이스 사용자(혹은 응용 프로그램 소프트웨어)가 데이터베이스의 데이터를 검색, 등록, 삭제, 갱신하기 위해 사용하는 데이터베이스 언어 또는 언어 요소이다.[6] 일반적으로 가장 많이 쓰이는 데이터 조작 언어는 SQL 데이터 조작 언어다. SQL은 관계형 데이터베이스 검색 및 업데이트, 데이터 조작 등을 위해 사용된다.

---

5 https://ko.wikipedia.org/wiki/SQL

6 https://ko.wikipedia.org/wiki/데이터_조작_언어

데이터 조작 언어는 문장의 첫 단어로 표시하는 기능을 가진다. 데이터 조작 언어에서 문장의 첫 단어는 대부분 동사다. SQL에서 이러한 동사는 다음과 같다.

- SELECT : 검색, 질의
- INSERT : 삽입, 등록
- UPDATE : 업데이트, 수정
- DELETE : 삭제

데이터 조작 언어는 데이터베이스 공급업체(벤더) 간에 언어 및 기능에서 많은 차이를 보인다. SQL 데이터 조작 언어는 ANSI/ISO에서 제정한 표준이 있다.

1) 검색(SELECT)

SELECT문은 데이터베이스 중 하나 또는 그 이상의 테이블에서 데이터를 추출하는 SQL의 데이터 조작 언어 중 하나로 사용도가 가장 높다.[7] 프로그래머는 어떤 결과를 갖고 싶은 것인지를 SQL 문장으로 기술해야 하지만, 그 결과를 얻기 위해 어떤 물리적 작업을 수행하여야 하는지 지시하지 않아도 된다. 데이터베이스 시스템(쿼리 최적화)이 SQL문에서 최적의 쿼리 계획(실행 계획)을 작성하기 때문이다.

'테이블'은 '표', '행'은 '레코드', '열'은 '항목'이라 부르기도 한다. 다음과 같은 선택 절을 가진다.

```
> SELECT 컬럼명 [,컬럼명...]
  FROM 테이블명 [,테이블명...]
  [WHERE 조건식]
  GROUP BY 컬럼명[,컬럼명...]
  ORDER BY 컬럼명[,컬럼명...]
```

7 https://ko.wikipedia.org/wiki/Select_(SQL)

- WHERE : 어떤 열을 불러올지를 지정함
- GROUP BY : 연산 함수가 각 그룹에 적용되도록 하기 위해 속성을 그룹 열에 공유함
- ORDER BY : 반환하는 열에 순서를 지정함

여러 테이블에서 행을 참조할 때는 조인(JOIN)을 사용한다. 조인의 종류로는 다음과 같은 것이 있다.

- 내부 조인 (등가결합 비균등 조인, 자연 조인, 자체 조인 포함)
- 외부 조인

조인은 한쪽 또는 양쪽 값에 NULL 값이 포함되는 경우에 사용한다. 왼쪽 외부 조인, 오른쪽 외부 조인, 완전 외부 조인 세 종류가 있다. JOIN의 일반적인 형식은 아래와 같다.

```
> SELECT 테이블명A.컬럼, 테이블명B.컬럼
  FROM 테이블명A
  [INNER]JOIN 테이블명B ON 테이블A.공통컬럼 = 테이블B.공통컬럼;
```

설명을 간편화하기 위해 테이블명에는 명칭을 표시하는 경우가 많다. 일반적인 컬럼에는 꼭 테이블 별칭으로 설명해야 에러가 발생하지 않는다. SELECT문에서 공통 컬럼은 반드시 어떤 테이블인지를 지정해야 한다.

2) 삽입(INSERT)

INSERT문은 데이터베이스 테이블에 1개 이상의 행을 추가하는 SQL의 데이터 조작 언어 중 하나다.[8] 데이터를 추가할 때 행의 값은 테이블의 컬럼과 같아야 한다. 만약 추가해야 할 행의 값이 테이블 구조와 다르면, 디폴트값(Null 또는 Default, Getdate 등)을 입력해

8 https://en.wikipedia.org/wiki/Insert_(SQL)

야 한다. 입력할 때 각 컬럼의 제약조건(Primary Key, Not Null, 데이터 타입 오류 등)을 따라야 한다. 이러한 제약조건을 위반하거나 데이터와 테이블 구조가 불일치하면 오류가 나타난다. 입력 방법은 다음과 같이 컬럼을 나열하는 방식과 테이블명을 사용하는 방식이 있다.

```
> INSERT INTO 테이블 이름 (컬럼1, [컬럼2, ...])
  values (값1, [값2, ...])
> INSERT INTO 테이블 이름
  values (값1, [값2, ...])
```

둘 이상의 복수 데이터 입력 시 다음과 같이 Insert문을 작성할 수 있다.

```
> INSERT INTO 테이블 이름
  values (값1, [값2, ...]),
         (값1, [값2, ...]),
         (값1, [값2, ...]), (값1, [값2, ...]) ...
```

3) 수정(UPDATE)

UPDATE문은 데이터베이스 테이블에서 1개 이상의 행을 수정하는 SQL의 데이터 조작 언어 중 하나다.[9] 모든 행을 변경해야 하는 경우에도 조건절을 사용하여 하위 집합을 선택할 수 있다. UPDATE문은 아래의 구문을 따른다.

```
> UPDATE 테이블 이름
  SET 컬럼1 = 값1 [, 컬럼2 = 값2 ...]
  [WHERE 조건]
```

9 https://ko.wikipedia.org/wiki/Update_(SQL)

업데이트(수정)가 성공적으로 이루어진 경우에는 반드시 데이터 조작 동작을 테이블이나 컬럼에서 수행해야 하고, 업데이트된 값이 Insert와 같은 제약조건에 충돌하지 않도록 해야 한다.

4) 삭제(DELETE)

DELETE문은 데이터베이스 테이블에서 1개 이상의 행을 삭제하는 SQL의 데이터 조작 언어 중 하나다.[10] 하위 집합은 삭제에 대한 조건을 정의할 수 있으며 정의하지 않으면 모든 행이 삭제된다. DELETE문은 다음 구문을 따른다.

```
› DELETE FROM 테이블 이름
  [WHERE 조건]
```

위와 같이 입력하면 WHERE 조건에 맞는 모든 행이 테이블에서 삭제된다. WHERE 절을 생략하면 모든 행이 삭제되므로 주의해야 한다. DELETE문은 어떤 행이라도 리턴하지 않으며 결과 집합을 발생시키지도 않는다.

10 https://ko.wikipedia.org/wiki/Delete_(SQL)

3-2 데이터 정의 언어

데이터 정의 언어(DDL)는 컴퓨터 사용자나 응용 프로그램 소프트웨어가 컴퓨터의 데이터를 정의하는 컴퓨터 언어 또는 언어 요소이다.[11] SQL의 데이터 정의 언어는 관계형 데이터베이스의 구조를 정의한다. 정의되는 구조는 행, 열(속성), 관계(테이블), 인덱스 파일 위치 등 데이터베이스 고유의 특성을 포함한다. SQL의 데이터 정의 언어의 문장 집합은 관계형 데이터베이스 관리 시스템(RDBMS)의 일부로 SQL 방언에 의해 많은 차이가 생겨난다.

SQL의 데이터 정의 언어의 주요 지침은 다음과 같다.

- **생성(CREATE)**: 새로운 데이터베이스 관계(테이블), 뷰(VIEW), 인덱스, 저장 프로시저를 만든다.
- **삭제(DROP)**: 이미 존재하는 데이터베이스 관계(테이블), 뷰, 인덱스, 저장 프로시저를 제거한다.
- **변경(ALTER)**: 이미 존재하는 데이터베이스 개체에 대한 변경, 리네임(RENAME)의 역할을 한다.
- **내용 삭제(TRUNCATE)**: 관계(테이블)에서 데이터를 복구 불능으로 제거한다.

본서에서는 데이터 정의 언어의 생성문과 삭제문을 다룰 예정이다.

1) 테이블 생성(CREATE)

SQL의 CREATE문은 RDBMS의 관리 하에 객체를 생성하는 데이터 정의 언어 명령이다. 사용하는 RDBMS의 구현을 통해 CREATE 문장으로 만들 수 있는 개체의 유형은 다르다. 그러나 대부분의 RDBMS 구현은 표(테이블), 정의 영역(도메인), 색인(인덱스), 이용자(사용자), 별명(별칭), 저장프로시저, 데이터베이스 작성을 지원하고 있다.

11 https://ko.wikipedia.org/wiki/데이터_정의_언어

사용 빈도가 높은 CREATE 명령은 CREATE TABLE 명령으로 기본적인 사용 방법은 다음과 같다.

```
> CREATE TABLE [테이블명] ( [컬럼1] [타입1] [컬럼 옵션/기본 키 정의/제약조건 등] [, [컬럼2] [타입2] [제약조건2] ...] ) [표 매개변수]

> CREATE TABLE 테이블1 (
  ID           INT  PRIMARY KEY,
  LastName     VARCHAR(75) not null,
  FisrtName    VARCHAR(50) null,
  BirthDay     DATE   null
);
```

다음은 테이블 생성 명령어 중 가장 기본적인 요소인 컬럼과 기본 키 제약조건의 구성을 설명한 내용이다. 각 컬럼의 구성요소는 [컬럼] [타입] [컬럼 옵션/기본 키 정의/제약조건 등]으로 선언하며 쉼표(,)로 구분한다.

- **컬럼 정의**: [컬럼명] [데이터 타입] {NULL | NOT NULL} {컬럼 옵션}
- **기본 키 정의**: PRIMARY KEY ([컬럼 컴마 목록])
- **제약**: {CONSTRAINT} [제약정의]

2) 삭제(DROP)

CREATE 명령어를 이용해 생성한 테이블을 삭제하고 싶다면 DROP 명령어를 사용하면 된다. 마찬가지로 데이터베이스, 테이블, 인덱스, 뷰를 삭제할 수 있다. SQL 내의 DROP 구문은 RDBMS에서 객체를 제거한다. 삭제할 수 있는 객체의 종류는 각 RDBMS마다 차이가 있지만 대부분 테이블, 사용자, 데이터베이스 정도는 공통으로 허용한다.

```
> DROP TABLE 테이블1;
```

4 데이터베이스

4-1 보건의료 데이터베이스 개요

이제 데이터를 쌓을 기반인 데이터베이스 설치를 완료하였다. 다음으로 3절에서 익힌 데이터베이스 명령어를 활용해 데이터베이스를 만들고 데이터를 쌓아보도록 하자. MySQL을 설치하면 예제 데이터베이스가 기본적으로 설치되지만 대부분의 독자는 기술학습, 즉 생계형 독서에 치중되었을 것이라고 생각된다(필자도 그렇다). 따라서 좀 더 실용적이고 효용 가치를 느낄 수 있는 보건의료 데이터를 선택하였다.

만약 본인이 분석하고 싶은 데이터가 따로 있다면 이 절에서 다룰 데이터 임포트(import, 들여오기) 부분은 참고만 해도 된다. 그럼에도 불구하고 '데이터 만들기' 부분을 넣은 이유는 다수의 연구자들이 데이터를 만들 때 Excel 데이터를 편집하고 데이터베이스를 만들거나, Excel 프로그램의 그래프 기능을 활용해 데이터를 시각화하거나, Excel 데이터를 읽어 R로 시각화하는 업무를 많이 하기 때문이다. 이러한 이유로 Excel 데이터를 임포트하는 내용을 담은 절을 작성하였다.

실습 데이터는 국민건강보험공단에서 제공하는 건강검진 데이터를 사용하였다.

① 데이터를 다운로드 받기 위해 국가 공공데이터 사이트(http://www.data.go.kr/)에 들어가 검색창에 '건강검진'을 입력해보자(2019년 2월 기준).

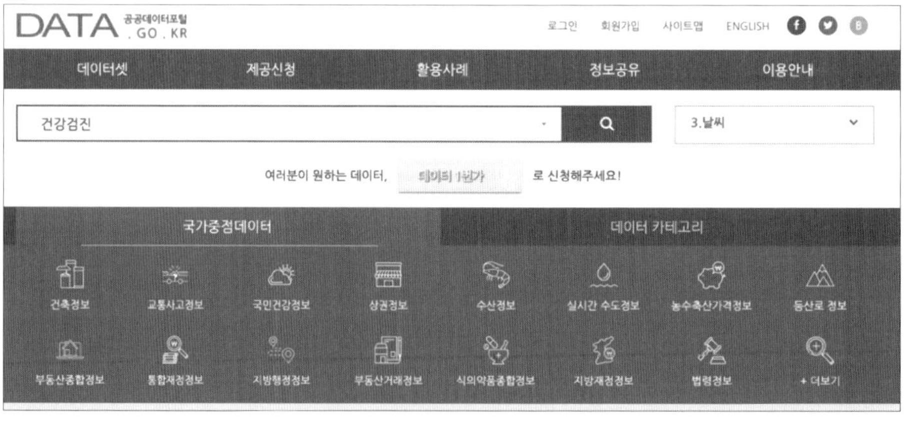

② 검색된 파일 중 건강검진정보 2016년과 2015년 ZIP 파일, HWP 파일을 선택한 후 다운로드 버튼을 누른다. 한글(HWP) 파일을 받는 이유는 다운로드 받은 CSV 파일 내 시도코드와 연령코드 등의 정보가 모두 코드화되어 있기 때문이다. 한글 파일의 설명을 읽어보면 코드화된 내용을 이해할 수 있다.

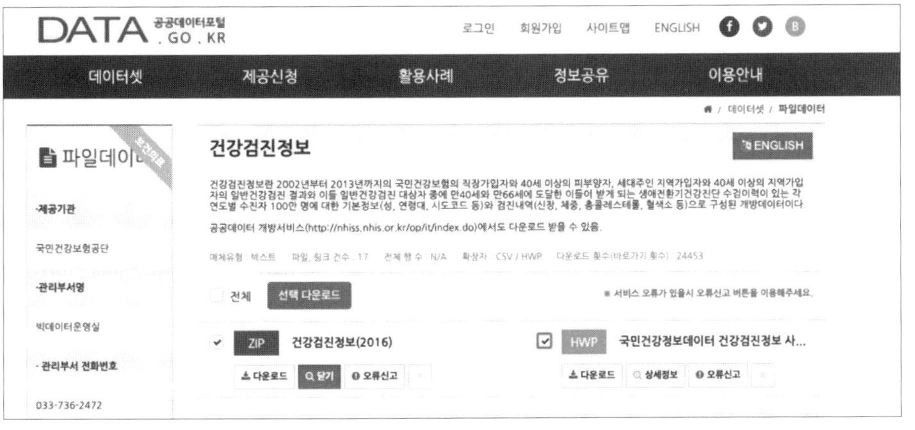

③ Windows OS 환경의 사용자는 문제없이 엑셀 또는 메모장으로 파일이 열릴 것이고, Mac OS 사용자의 경우 인코딩 문제로 한글이 깨질 가능성이 있다. 만약 깨질 경우에는 받은 CSV 파일 인코딩을 UTF-8로 변경해야 한다. 우리가 지닌 정보검색 능력을 활용하여 csv encoding convert on mac 키워드로 찾아 인코딩을 변경해야 한다. 이러한 공공 데이터를 사용할 때마다 한글을 쓰는 환경을 ANSI 인코딩으로 한정한다는 것이 아쉬움이 남는다. 아쉬움을 뒤로하고 이제 데이터를 열어보자.

[표 2-4] 긴강검진 예시 데이터

기준년도	가입자 일련번호	성별코드	연령대코드 (5세단위)	시도코드	신장 (5Cm 단위)	체중 (5Kg 단위)	허리둘레	시력(좌)	시력(우)
2015	1	2	15	45	155	60	88	0.6	0.7

요단백	혈청크레아티닌	(혈청지오티) AST	(혈청지오티) ALT	감마지티피	흡연 상태	음주 여부	구강검진 수검 여부	치아우식증 유무	치석 유무	데이터 기준일자
1	1.1	17	28	23	1	1	0			20161220

다양한 컬럼과 알 수 없는 숫자들이 보일 것이다. 데이터의 의미를 파악하기 위해 한글 파일을 열어보면 5페이지에 다음과 같은 코드 정보가 나온다.

<table>
<tr><th rowspan="2"></th><th colspan="3">• 제공 항목</th><th colspan="2">속성 정보</th><th rowspan="2">비고</th></tr>
<tr><th>표준항목명</th><th>영문명</th><th>설명</th><th>표현형식/
단위</th><th>예시</th></tr>
<tr><td>1</td><td>기준년도</td><td>HCHK_YE
AR</td><td>• 해당 정보의 기준년도를 제공함</td><td>YYYY</td><td>2009</td><td></td></tr>
<tr><td>2</td><td>가입자
일련번호</td><td>IDV_ID</td><td>• 해당 가입자에 부여한 일련번호
1~1,000,000</td><td>N</td><td>1</td><td></td></tr>
<tr><td>3</td><td>성별코드</td><td>SEX</td><td>• 해당 정보 대상자의 성별을 제공함
성별 : 1(남자), 2(여자)</td><td>N</td><td>1</td><td>●</td></tr>
<tr><td>4</td><td>연령대코드
(5세 단위)</td><td>AGE_GRO
UP</td><td>• 기준년도에 수진자의 나이를 5세 단위로 그룹화(범주화)하여 구분한 코드
- (총 14개 그룹) 20~84세까지 5세 단위 그룹화, 85세 이상은 85+로 그룹화
<table>
<tr><th>그룹</th><th>연령대</th><th>그룹</th><th>연령대</th></tr>
<tr><td>1</td><td>20~24세</td><td>8</td><td>55~59세</td></tr>
<tr><td>2</td><td>25~29세</td><td>9</td><td>60~64세</td></tr>
<tr><td>3</td><td>30~34세</td><td>10</td><td>65~69세</td></tr>
<tr><td>4</td><td>35~39세</td><td>11</td><td>70~74세</td></tr>
<tr><td>5</td><td>40~44세</td><td>12</td><td>75~79세</td></tr>
<tr><td>6</td><td>45~49세</td><td>13</td><td>80~84세</td></tr>
<tr><td>7</td><td>50~54세</td><td>14</td><td>85세+</td></tr>
</table></td><td>N</td><td>11</td><td>●</td></tr>
<tr><td>5</td><td>시도코드</td><td>SIDO</td><td>• 해당 수진자 거주지의 시도코드
- 2012년부터 세종특별자치시가 신규로 편입됨에 따라, 2011년까지의 데이터에는 해당 항목이 존재하지 않음
<table>
<tr><th>코드</th><th>시도명</th><th>코드</th><th>시도명</th></tr>
<tr><td>11</td><td>서울특별시</td><td>42</td><td>강원도</td></tr>
<tr><td>26</td><td>부산광역시</td><td>43</td><td>충청북도</td></tr>
<tr><td>27</td><td>대구광역시</td><td>44</td><td>충청남도</td></tr>
<tr><td>28</td><td>인천광역시</td><td>45</td><td>전라북도</td></tr>
<tr><td>29</td><td>광주광역시</td><td>46</td><td>전라남도</td></tr>
<tr><td>30</td><td>대전광역시</td><td>47</td><td>경상북도</td></tr>
<tr><td>31</td><td>울산광역시</td><td>48</td><td>경상남도</td></tr>
<tr><td>36</td><td>세종특별자치시</td><td>49</td><td>제주특별자치도</td></tr>
<tr><td>41</td><td>경기도</td><td></td><td></td></tr>
</table></td><td>N</td><td>26</td><td>●</td></tr>
<tr><td>6</td><td>신장
(5cm 단위)</td><td>HEIGHT</td><td>• 검진자의 키(5cm 단위)
예) 100~104cm → 100cm</td><td>N/cm</td><td>140</td><td></td></tr>
<tr><td>7</td><td>체중
(5kg 단위)</td><td>WEIGHT</td><td>• 검진자의 몸무게(5kg 단위)
예) 25~29kg → 25kg</td><td>N/kg</td><td>45</td><td></td></tr>
</table>

8	허리둘레	WAIST	• 검진자의 허리둘레 허리둘레 항목은 2008년부터 건강검진 문진항목으로 추가되었기 때문에 기준년도가 2002년부터 2007년까지인 경우 해당 항목 값이 결측 처리되어 제공됨	N/cm	82	
9	시력(좌)	SIGHT_LEFT	■ 수검자의 좌측 눈의 시력 0.1~2.5 사이의 값으로 표기하며 0.1 이하의 시력은 0.1, 실명은 9.9로 표기	N	0.5	
10	시력(우)	SIGHT_RIGHT	■ 수검자의 우측 눈의 시력 0.1~2.5 사이의 값으로 표기하며 0.1 이하의 시력은 0.1, 실명은 9.9로 표기	N	0.5	
11	청력(좌)	HEAR_LEFT	■ 수검자의 좌측 귀의 청력 1(정상), 2(비정상)	N	1	
12	청력(우)	HEAR_RIGHT	■ 수검자의 우측 귀의 청력 1(정상), 2(비정상)	N	1	
13	수축기혈압	BP_HIGH	■ 검진자의 최고 혈압으로 심장이 수축해서 강한 힘으로 혈액을 동맥에 보낼 때의 혈관 내압	N/mmHg	140	
14	이완기혈압	BP_LWST	■ 검진자의 최저 혈압으로 심장의 완기시의 혈압	N/mmHg	81	
15	식전혈당(공복혈당)	BLDS	■ 검진자 식사 전 혈당(혈액 100ml당 함유되어 있는 포도당의 농도) 수치	N/mg/dL	94	
16	총콜레스테롤	TOT_CHOLE	■ 혈청 중의 에스텔형, 비에스테형(유리)콜레스테롤의 합 정상치는 150~250mg/dL 약 1/3이 비에스텔형(유리)콜레스테롤이며 나머지가 콜레스테롤에스테르	N/mg/dL	164	
17	트리글리세라이드	TRIGLYCERIDE	■ 단순지질 혹은 중성지질을 뜻함 글리세롤에 3분자 지방산이 에스테르 합한 것으로서 자연계에서 찾아낼 수 있는 지방유도체 가운데 가장 분포가 넓음 정상치는 30~135mg/dL(0.34~1.52-mmol/ℓ) ■ 트리클리세라이드항목은 2008년부터 건강검진 문진항목으로 추가되었기 때문에, 기준년도가 2002년부터 2007년까지인 경우 해당 항목 값이 결측 처리되어 제공됨	N/ mg/dL	94	
18	HDL콜레스테롤	HDL_CHOLE	■ HDL(고밀도 리포단백질)에 포함되는 콜레스테롤 작은 입자의 콜레스테롤로 세포에 이끌려간 콜레스테롤을 간으로 돌려주고 혈관 벽에 쌓인 나쁜 콜레스테롤을 없애는 역할을 하는 성분 정상치는 30~65mg/dL ■ HDL콜레스테롤 항목은 2008년부터 건강검진 문진항목으로 추가되었기 때문에, 기준년도가 2002년부터 2007년까지인 경우 해당 항목 값이 결측 처리되어 제공됨	N/mg/dL	45	
19	LDL콜레스테롤	LDL_CHOLE	■ LDL(저밀도 리포단백질)에 함유된 콜레스테롤 입자가 매우 큰 콜레스테롤로 양이 과도하게 증가할 경우,혈관벽에 쌓여서 동맥경화나 각종 질병을 야기하는 성분 170mg/dL 이상일 경우 일반적으로 고LDL혈증으로 봄 ■ LDL콜레스테롤 항목은 2008년부터 건강검진 문진항목으로 추가되었기 때문에,기준년도가 2002년부터 2007년까지인 경우 해당 항목 값이 결측 처리되어 제공됨	N/ mg/dL	예시 150 예시 2130	

코드 정보를 확인한 후 다운로드한 데이터 파일을 살펴보면 한 행(row)당 어떤 건강검진 정보를 갖는지 알 수 있다.

4-2 보건의료 데이터베이스 생성

이제 MySQL Workbench를 실행하여 이 데이터를 데이터베이스에 임포트해보자. 우선 시도 코드와 연령대 코드(5세 단위) 파일을 테이블로 만들어보자.

① 한 번에 관리할 수 있는 데이터베이스 영역(schema)을 쿼리문을 실행해 만들어보자.

```
> CREATE SCHEMA `nhis` ;
```

위의 쿼리문을 실행해본다. 또는 왼쪽 Schemas 영역에서 마우스를 우클릭해 'Create Schema...'를 선택한 후 Shema Name에 nhis를 입력하고 오른쪽 하단의 Apply 버튼을 클릭한다.

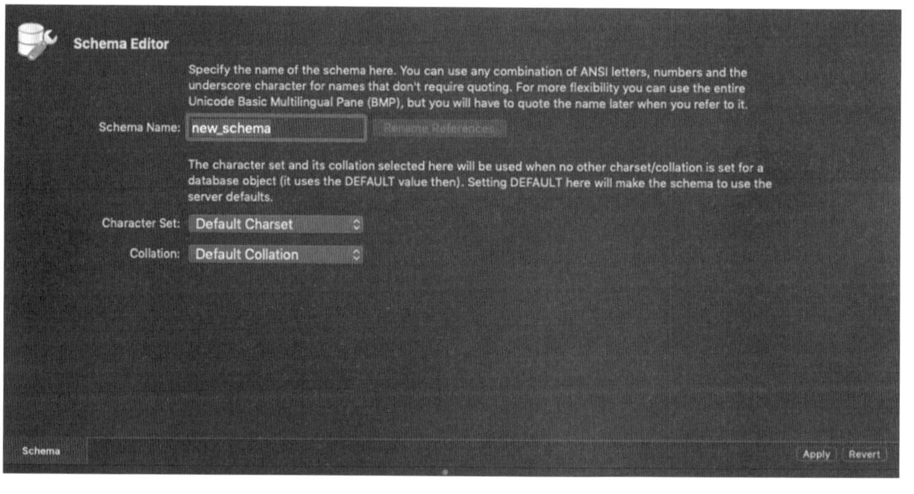

② 데이터베이스를 생성한 후 시도 코드와 연령대 코드(5세 단위) 테이블을 만들어보자. 시도 코드 테이블명은 T_SIDO로 하고 컬럼명은 Code(Datatype: int), Sido(Datatype: Varchar)로 한다.

```
> CREATE TABLE `nhis`.`T_SIDO` (
`Code` INT NOT NULL,
`Sido` VARCHAR(45) NULL,
PRIMARY KEY (`Code`));
```

위의 쿼리문을 실행해본다. 또는 왼쪽 Schema 영역에서 생성한 nhis를 선택한 후 하단의 Tables에서 마우스 우 클릭 후 'Create Table...'을 선택한다. 그런 다음 테이블 생성 화면에서 테이블명과 컬럼명, 데이터 타입을 입력하고 실행하면 입력이 진행된다. 테이블 생성 시 Not Null(NN) 옵션은 빈값을 허용하지 않는다는 의미이고, Primary Key(PK) 옵션은 주된 데이터의 구분(Identity)값으로 사용한다는 의미이므로 참고하도록 하자.

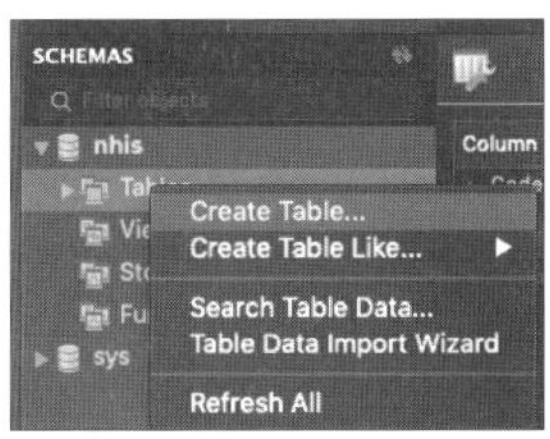

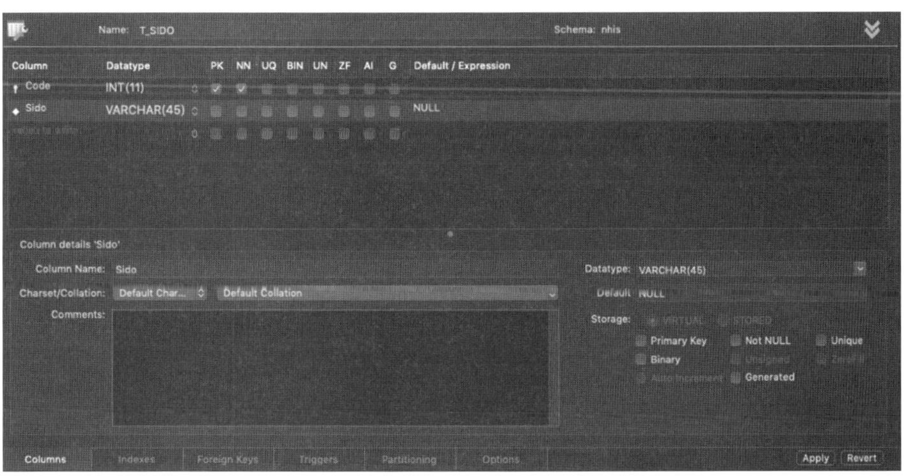

③ 연령대 테이블도 동일하게 생성해보자. 테이블명은 T_AGE_GROUP이고 컬럼명은 Group(Datatype : int), AGE_GROUP(Datatype : Varchar)으로 아래의 테이블 생성 스크립트를 참조하여 만들어보자.

```
> CREATE TABLE `nhis`.`T_AGE_GROUP` (
  `Group` INT NOT NULL,
  `Age_Group` VARCHAR(45) NULL,
  PRIMARY KEY (`Group`));
```

④ 건강검진 테이블명은 T_NHIS_OPEN_GJ로 생성하였다. 테이블명과 컬럼명은 각자 원하는 방식으로 지어도 된다. 테이블명은 다운로드받은 CSV 파일명을 참고해 짓고, 컬럼명은 건강검진 설명 데이터를 참고하였다.

```
> CREATE TABLE `nhis`.`T_NHIS_OPEN_GJ`(
`HCHK_YEAR` varchar(255) NOT NULL,
`IDV_ID` varchar(255) NOT NULL,
`SEX` varchar(255) NOT NULL,
`AGE_GROUP` varchar(255) NOT NULL,
`SIDO` varchar(255) NOT NULL,
`WEIGHT` varchar(255) NULL,
`HEIGHT` varchar(255) NULL,
`WAIST` varchar(255) NULL,
`SIGHT_LEFT` varchar(255) NULL,
`SIGHT_RIGHT` varchar(255) NULL,
`HEAR_LEFT` varchar(255) NULL,
`HEAR_RIGHT` varchar(255) NULL,
`BP_HIGH` varchar(255) NULL,
`BP_LWST` varchar(255) NULL,
`BLDS` varchar(255) NULL,
`TOT_CHOLE` varchar(255) NULL,
`TRIGLYCERIDE` varchar(255) NULL,
`HDL_CHOLE` varchar(255) NULL,
`LDL_CHOLE` varchar(255) NULL,
`HMG` varchar(255) NULL,
```

```
`OLIG_PROTE_CD` varchar(255) NULL,
`CREATININE` varchar(255) NULL,
`SGOT_AST` varchar(255) NULL,
`SGPT_ALT` varchar(255) NULL,
`GAMMA_GTP` varchar(255) NULL,
`SMK_STAT_TYPE_CD` varchar(255) NULL,
`DRK_YN` varchar(255) NULL,
`HCHK_OE_INSPEC_YN` varchar(255) NULL,
`CRS_YN` varchar(255) NULL,
`TTH_MSS_YN` varchar(255) NULL,
`ODT_TRB_YN` varchar(255) NULL,
`WSDM_DIS_YN` varchar(255) NULL,
`TTR_YN` varchar(255) NULL,
`DATA_STD__DT` varchar(255) NULL,
 PRIMARY KEY (`IDV_ID`));
```

각 컬럼의 데이터 타입을 varchar(255)로 한 이유는 입력을 용이하게 하기 위해서다. 하지만 데이터 분석에 필요한 수치 데이터의 경우 INT형으로 설계하는 것이 좋다.

4-3 보건의료 데이터 입력

이제 다운로드받은 데이터를 데이터베이스에 입력할 차례다.

① 시도 코드 테이블 입력 쿼리는 다음과 같다.

```
> INSERT INTO `nhis`.`T_SIDO`
(`Code`, `Sido`)
VALUES
(11,`서울특별시`), (26,`부산광역시`), (27,`대구광역시`), (28,`인전광역시`), (29,`광주광역
시`), (30,`대전광역시`), (31,`울산광역시`), (36,`세종특별자치시`), (41,`경기도`), (42,`강
원도`), (43,`충청북도`), (44,`충청남도`), (45,`전라북도`), (46,`전라남도`), (47,`경상북도
`),(48,`경상남도`), (49,`제주특별자치도`);
```

② 연령대 코드 입력 쿼리 작성은 다음과 같다.

```
> INSERT INTO `nhis`.`T_AGE_GROUP`
(`Group`,
`Age_Group`)
VALUES (1,`20~24세`), (2,`25~29세`), (3,`30~34세`), (4,`35~39세`), (5,`40~44세`),
(6,`45~49세`), (7,`50~54세`), (8,`55~59세`), (9,`60~64세`), (10,`65~69세`), (11,`70~74세
`), (12,`75~79세`), (13,`80~84세`);
```

③ 건강검진 CSV 파일을 앞서 생성한 T_NHIS_OPEN_GJ 테이블에 입력해보자. 쿼리문으로 입력하는 방법과 파일 읽기 쿼리문으로 입력하는 방법을 소개하니 각자 분석할 데이터의 유형에 맞는 편한 방법으로 데이터베이스를 구축하기 바란다.

- 첫 번째는 앞서 설명한 Insert 쿼리문과 동일하게 10만 라인을 작성하는 방법이다.

```
> INSERT INTO `nhis`.`T_NHIS_OPEN_GJ`
(`HCHK_YEAR`, `IDV_ID`, `SEX`, `AGE_GROUP`, `SIDO`, `WEIGHT`, `HEIGHT`, `WAIST`,
`SIGHT_LEFT`, `SIGHT_RIGHT`, `HEAR_LEFT`, `HEAR_RIGHT`, `BP_HIGH`, `BP_LWST`,
`BLDS`, `TOT_CHOLE`, `TRIGLYCERIDE`, `HDL_CHOLE`, `LDL_CHOLE`, `HMG`, `OLIG_
PROTE_CD`, `CREATININE`, `SGOT_AST`, `SGPT_ALT`, `GAMMA_GTP`, `SMK_STAT_
TYPE_CD`, `DRK_YN`, `HCHK_OE_INSPEC_YN`, `CRS_YN`, `TTH_MSS_YN`, `ODT_TRB_
YN`,
`WSDM_DIS_YN`, `TTR_YN`, `DATA_STD__DT`)
VALUES
(`2015`, `1`, `2`, `15`, `45`, `60`, `155`, `88`, `0.6`, `0,7`, `1`, `1`, `140`, `90`, `91`,
`263`, `196`, `46`, `177`, `16`, `1`, `0.9`, `27`, `30`, `43`, `3`, ``, `0`, ``, ``, ``,``, ``,
`20171229`)
```

이러한 방식으로 데이터를 입력하다 보면 오탈자가 많이 생기고 제대로 입력되지 않을 수 있다. 만약 실무에서 쿼리문을 작성해야 하는 상황이라면 구글에서 Convert CSV to MySQL 키워드로 검색을 해보길 권한다. 그러면 위와 같은 쿼리문을 생성할 수 있는 사이트가 많이 나오는데 이를 활용하거나 파일 자체를 입력하는 방법도 있다.

• 두 번째는 쿼리문으로 데이터 파일을 읽어서 바로 입력하는 방법이다. 우선 하위 쿼리를 사용해서 데이터를 입력받을 수 있는 옵션인지 확인해보자.

```
> SHOW VARIABLES LIKE 'local_infile';
```

결과값 local_infile 값이 'OFF'라면 입력할 수 없는 상태이므로 옵션을 변경해야 한다.

```
> SET GLOBAL local_infile =1;
```

위의 SHOW VARIABLES LIKE 'local_infile'로 local_infile 값이 'ON'으로 변경되었는지 확인한다. 그런 다음 secure-file-priv option으로 파일을 읽을 폴더를 확인한다.

```
> SHOW VARIABLES LIKE 'secure_file_priv';
```

Windows의 경우 MySQL 설치 폴더의 업로드 폴더가 노출될 것이고, Mac의 경우 Null값이 나타날 것이다. 업로드할 위치를 확인하고 업로드할 파일을 해당 위치에 이동시킨 후 아래의 쿼리문을 이용하여 데이터를 입력해보자.

```
> LOAD DATA INFILE 'secure-file-priv option의 파일경로/파일명.csv'
INTO TABLE nhis.t_nhis_open_gj
FIELDS TERMINATED BY ','
ENCLOSED BY ''
LINES TERMINATED BY '\n'
IGNORE 1 ROWS;
```

아래의 쿼리문 실행 결과를 통해 데이터를 10만 건 입력한 것을 확인할 수 있다. 만약 10만 건으로 결과가 나오지 않는다면 입력 시 문제가 발생한 것이므로 다시 예제를 차근차근 따라해보기 바란다.

```
> SELECT count(*) FROM nhis.t_nhis_open_gj;
```

시도 코드, 연령대 코드는 데이터의 양이 많지 않으므로 Insert문 작성에 문제가 되지 않는다. 하지만 2015년, 2016년 건강검진 데이터와 같이 많은 양의 데이터를 입력할 경우에는 Insert문을 작성하는 것이 거의 불가능하므로 쿼리문 작성 방법을 잘 기억해두었다가 데이터 입력 시 활용해보도록 하자.

4-4 보건의료 데이터 자료 추출

이제 분석을 진행할 수 있는 데이터들을 모두 갖추었다. 데이터를 기반으로 하여 건강검진을 받은 지역별 인원을 구해보자.

```
> SELECT si.sido, count(*) as cnt
FROM nhis.t_nhis_open_gj gj
inner join t_age_group ag on gj.age_group = ag.group
inner join t_sido si on gj.sido = si.code
group by si.sido
order by 1
```

다음과 같은 결과값을 확인할 수 있을 것이다.

sido	cnt
강원도	25224
경기도	211790
경상남도	59225
경상북도	44546
광주광역시	24675
대구광역시	41294
대전광역시	25854
부산광역시	58551
서울특별시	152772
세종특별자치시	3555
울산광역시	23275
인천광역시	51130
전라남도	29198
전라북도	29581
제주특별자치도	9271
충청남도	34903
충청북도	28678

지금까지 데이터 분석에서 가장 먼저 선행되어야 할 데이터 수집 및 가공 중 정형 데이터를 수집하고 가공하는 방법에 대해 살펴보았다. 우리나라 IT업계에서는 대부분 데이터베이스를 활용하는 환경에서 데이터베이스 기반으로 작업을 진행한다. 이러한 점을 고려하면 쿼리문을 활용하여 분석에 요구되는 다양한 형태의 데이터로 가공하는 일은 매우 효율적이며 필수적인 작업이다. 따라서 쿼리문 작성에 어려움을 느끼는 독자라면 데이터를 엑셀처럼 다룰 수 있도록 쿼리문 작성을 많이 연습해보기 바란다. 그러다가 R과 데이터베이스를 결합해 분석하는 방법을 익히게 되면 데이터를 매우 효과적으로 다룰 수 있을 것이다.

이번 장에서 다룬 기술에 대해 좀 더 깊이 학습해보고 싶다면 한국데이터산업진흥원에서 운영 중인 온라인 교육 사이트(http://cyber.dbguide.net/)에서 관련 자료와 강의 등을 살펴보길 추천한다.

연습문제

1. 2장에서 사용한 보건의료 데이터에서 연령대 정보와 시도 정보를 각각 확인해보자.

2. 2016년 건강검진자 각 성별의 수를 구해보자.

3. INNER JOIN을 활용해 각 연령별 건강검진자 수를 구해보자.

3장
R

1 R 개요
2 R 설치하기
3 R 데이터 분석
4 R 데이터 분석 확장하기
5 Rserve를 활용한 통계서버 만들기

1 R 개요

R은 통계 연산 및 시각화를 위한 프로그래밍 언어이자 통계 분석 소프트웨어 환경을 구성할 수 있는 도구이다. 뉴질랜드 오클랜드대학교의 로버트 젠틀맨(Robert Gentleman)과 로스 이하카(Ross Ihaka)에 의해 시작된 후 현재는 R 코어 팀에 의해 지속적으로 개선되고 있다. R은 GPL(General Public License) 하에 배포되는 S 프로그래밍 언어의 구현으로 GNU S라고도 한다.

R은 사용자가 제작한 패키지를 추가하여 기능을 확장할 수 있다. 핵심적인 패키지는 R과 함께 설치되며, CRAN(the Comprehensive R Archive Network)을 통해 약 1만 개 이상의 통계 관련 패키지를 내려받을 수 있다.

R은 일반적인 명령어 수행이 가능하여 연구자가 직접 다양한 분석을 디자인할 수 있다는 장점을 지닌다. 또 통계 관련 패키지를 함께 활용해 다양한 분석을 수행할 수도 있다. 다양한 통계적(선형/비선형 모델링, 군집화, 분류, 시간별 등) 기능과 시각화 기술을 확장성 있게 제공한다. 이로써 점점 더 많은 연구자들이 통계 소프트웨어 개발과 자료 분석 등에서 R을 널리 사용하고 있다.

2 R 설치하기

2-1 Windows 환경에서 R 설치하기

① R을 설치하기 위해 다음의 URL(https://cran.r-project.org/bin/windows/base/)로 접근해 Windows용 파일을 다운로드하자. 최신 버전을 선택해 다운로드받는다. 본서에서는 R 3.6.0 for Windows(80 megabytes, 32/64 bit) 버전으로 다운로드를 진행하였다. 설치화면이 노출되는데 C:\Program Files (x86) 또는 C:\Program Files의 Program Files에 띄어쓰기가 되어 있다. 이는 향후 패키지 추가 진행 시에 경로 문제를 일으킬 수 있으므로 C:\R\R-3.6.0으로 변경한 후 다음 버튼을 눌러 설치를 진행한다.

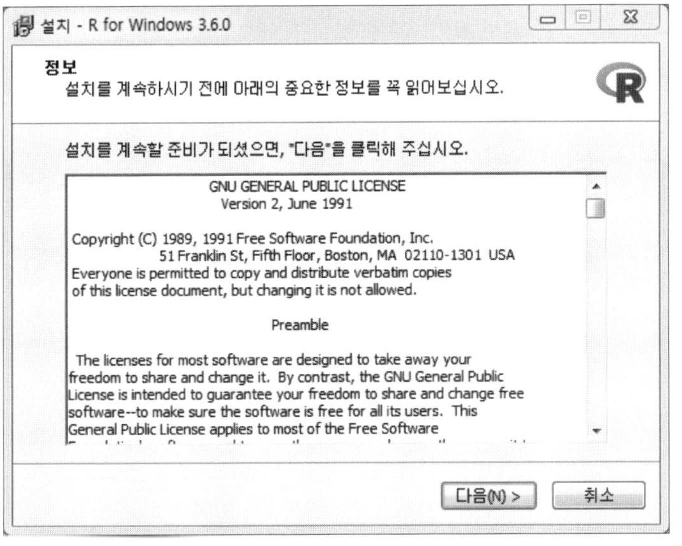
설치 - R for Windows 3.6.0
정보
설치를 계속하시기 전에 아래의 중요한 정보를 꼭 읽어보십시오.
설치를 계속할 준비가 되셨으면, "다음"을 클릭해 주십시오.
GNU GENERAL PUBLIC LICENSE
Version 2, June 1991
Copyright (C) 1989, 1991 Free Software Foundation, Inc.
51 Franklin St, Fifth Floor, Boston, MA 02110-1301 USA
Everyone is permitted to copy and distribute verbatim copies
of this license document, but changing it is not allowed.
Preamble
The licenses for most software are designed to take away your
freedom to share and change it. By contrast, the GNU General Public
License is intended to guarantee your freedom to share and change free
software--to make sure the software is free for all its users. This
General Public License applies to most of the Free Software
다음(N) >
취소

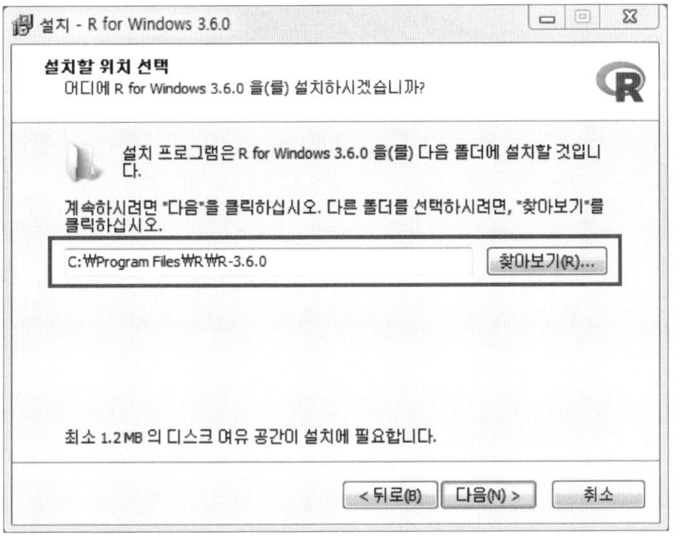
설치 - R for Windows 3.6.0
설치할 위치 선택
어디에 R for Windows 3.6.0 을(를) 설치하시겠습니까?
설치 프로그램은 R for Windows 3.6.0 을(를) 다음 폴더에 설치할 것입니다.
계속하시려면 "다음"을 클릭하십시오. 다른 폴더를 선택하시려면, "찾아보기"를 클릭하십시오.
C:\Program Files\R\R-3.6.0
찾아보기(R)...
최소 1.2MB 의 디스크 여유 공간이 설치에 필요합니다.
< 뒤로(B)
다음(N) >
취소

② 구성요소 설치 진행 시 본인이 사용하는 Windows 환경 bit 버전을 맞추거나, 번거롭다면 전체를 선택하여 설치한다.

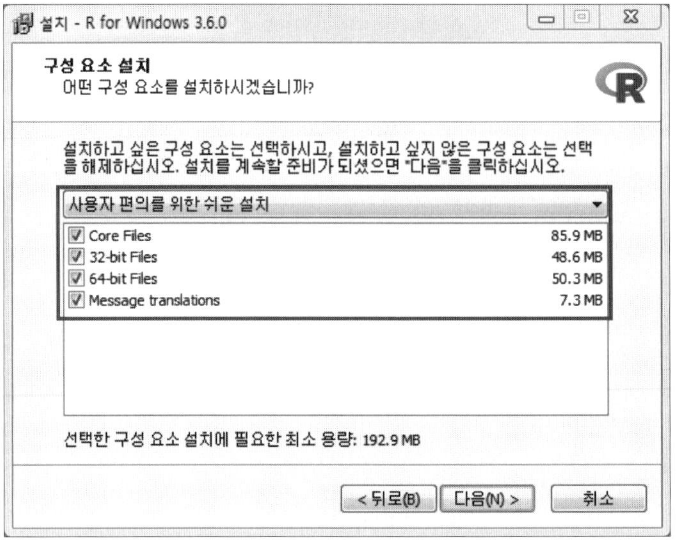

③ 스타트업 옵션 선택 시 'Yes'를 선택하면 본인이 선호하는 분석 환경(MDI : 멀티창, SDI : 단일창)과 도움말 문서 옵션을 선택할 수 있다. 만약 단순히 예제를 진행하려 하거나 아직 분석 환경에 대한 선호가 없는 독자는 'No'를 선택한 후 다음 버튼을 누른다.

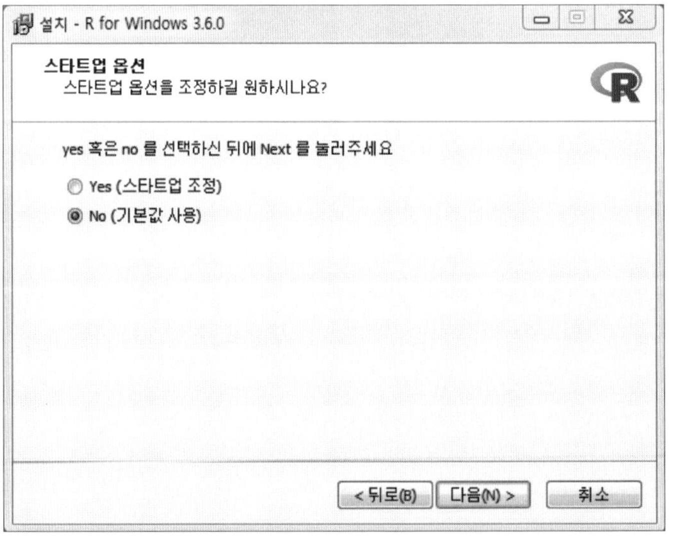

④ 시작메뉴 폴더 선택과 추가사항 적용 부분에서 본인이 원하는 옵션을 선택한 후 다음 버튼을 누른다.

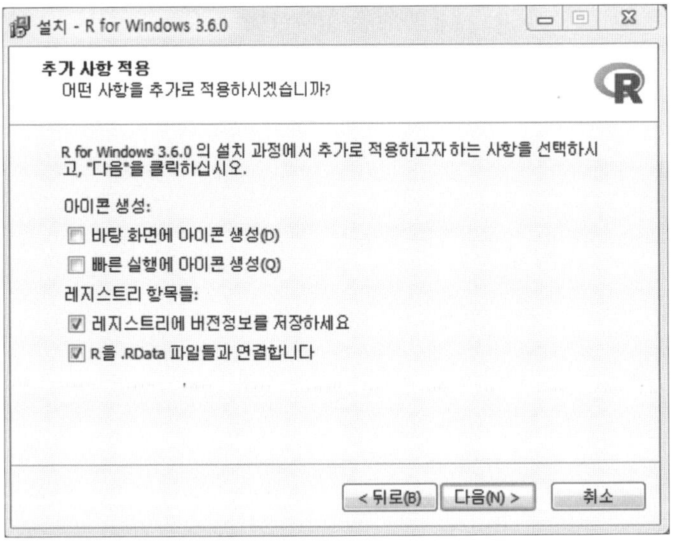

⑤ 설치 완료 메시지를 확인하고 완료 버튼을 누른다.

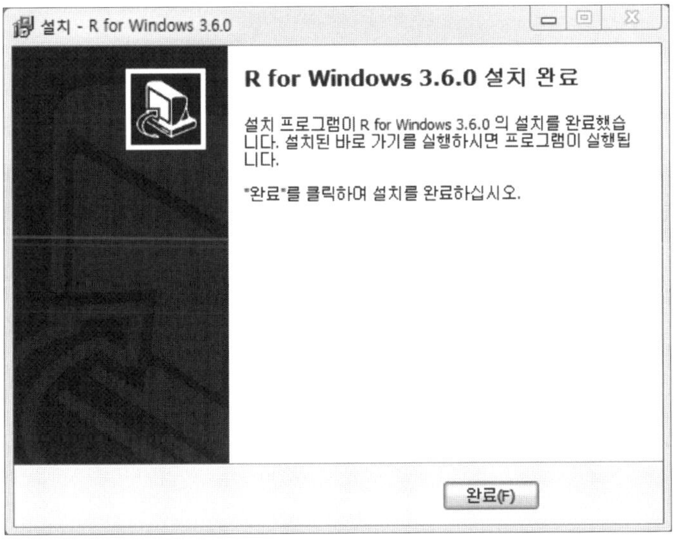

2-2 Mac OS에서 R 설치하기

① 다음 URL(https://cran.r-project.org/)에 접근하여 Download R for (Mac) OS X를 클릭해 다운로드를 진행한다. pkg 파일을 실행하여 소개와 읽어보기를 확인한 후 계속 버튼을 누른다.

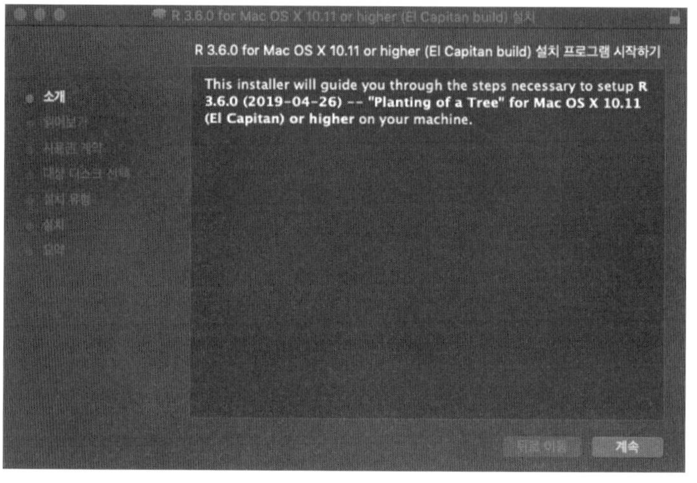

② 사용권 계약서에서 동의를 누르고 계속 버튼으로 진행한다.

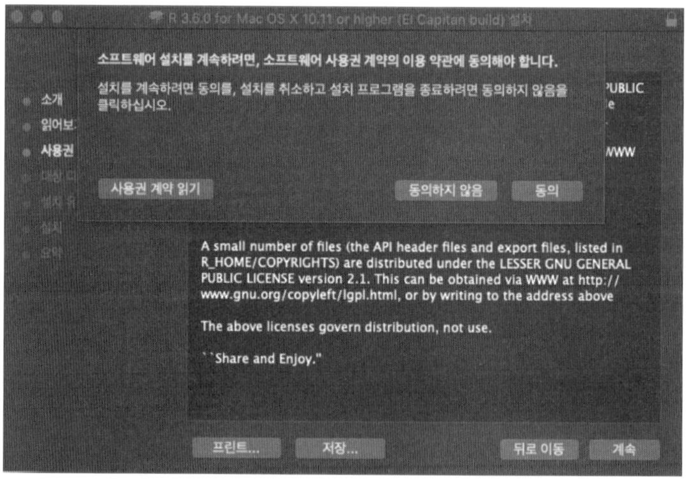

③ 대상 디스크 선택과 설치 유형은 사용자가 원하는 위치가 있을 경우 변경한다. 없을 때는 다음 단계로 넘어가 설치를 진행한다.

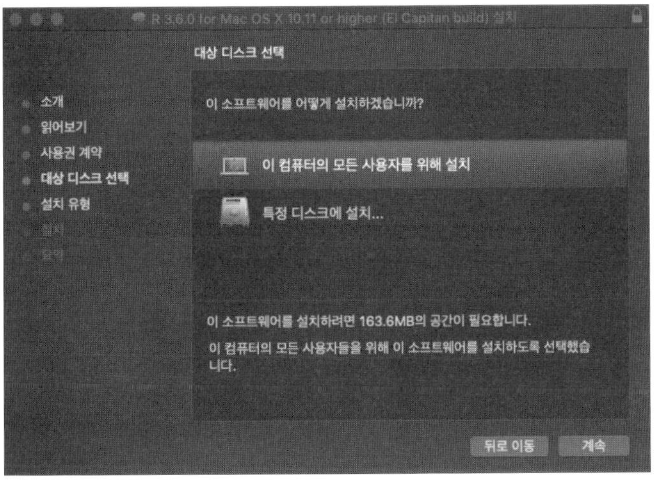

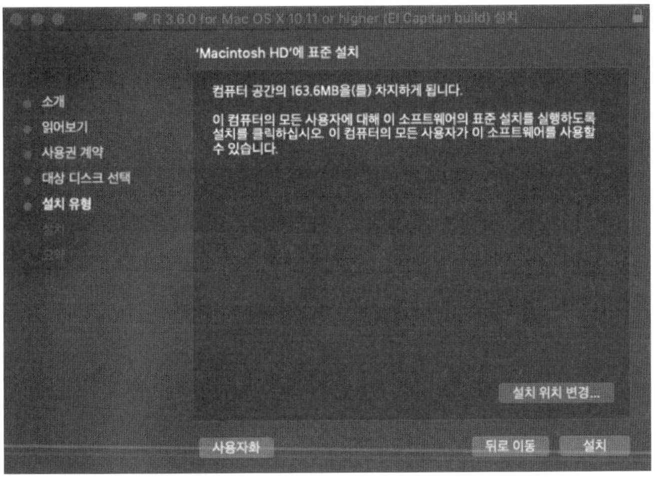

④ 설치 성공 메시지를 확인한다.

2-3 R 설치 확인하기

R을 실행하여 정상 작동 여부를 확인한다.

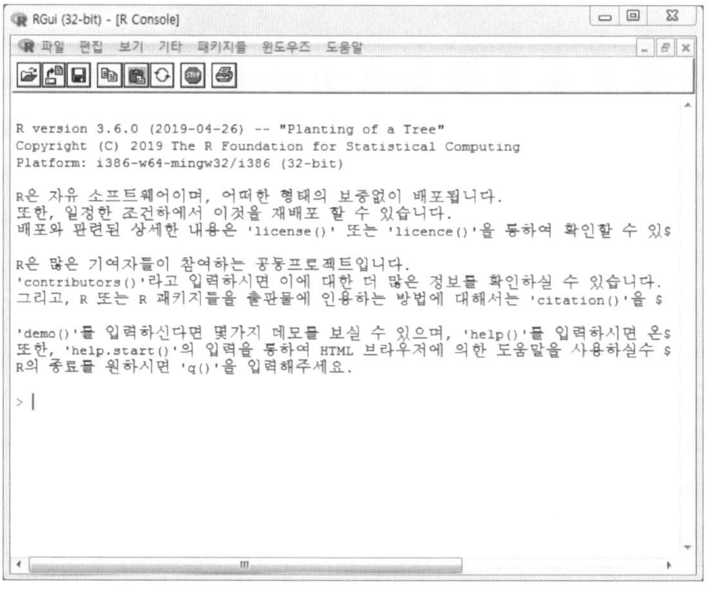

```
> R.version
```

출력 내용은 다음과 같다.

```
platform                     i386-w64-mingw32
arch                         i386
os                           mingw32
system                       i386, mingw32
major                        3
minor                        6.0
year                         2019
month                        4
day                          26
svn rev                      76424
language                     R
version.string               R version 3.6.0 (2019-04-26)
nickname                     Planting of a Tree
```

3 R 데이터 분석

3-1 데이터 분석의 필요성

데이터 분석(data analysis)이란 데이터를 수집, 정리, 변환, 모델링함으로써 유의미한 가치를 창출하는 과정이라고 볼 수 있다. 오늘날 데이터 분석의 효용성과 가치는 금융, 생산관리, 마케팅, 서비스 등 산업 분야 전반으로 확대되고 있다. 과거에는 소규모 기업이나 개인의 경우 분석 가능한 데이터를 확보하기 어렵고, 비용이나 기술적인 면의 한계로 데이터 분석을 수행하기도 어려웠다. 그러나 근래에는 공공데이터 개방, 분석장비(PC)의 가격 하락, 하둡이나 R 같은 오픈소스 기반 저장기술 및 분석도구의 발달 등으로 누구나 데이터

분석을 시도할 수 있게 되었다.[1]

앞으로 데이터가 더욱 유기적으로 수집되고 모든 사물이 인터넷과 연결되면서 자동화된 데이터 분석을 통해 사회 이슈나 이상징후 등을 실시간으로 파악할 수 있는 시대가 도래할 것으로 보인다. 따라서 컴퓨터의 분석능력, 즉 알고리즘을 효과적으로 개선하고 개발하는 것이 더욱 중요한 업무 영역으로 발전될 것이며, 이러한 일을 담당하는 데이터 분석가, 데이터 사이언티스트들의 역할이 점점 확대될 것으로 보인다.

3-2 R을 활용한 데이터 분석

앞서 말했듯이 과거에는 개인적 학습을 위해 데이터 분석을 진행한다고 하더라도 비용적 측면에서 진입장벽이 높았던 것이 사실이다. 그러나 오픈소스 기반의 분석도구인 R이 보편화되면서 많은 이들이 자동화된 데이터 분석을 과거보다 쉽게 진행할 수 있게 되었으며, 오픈소스 데이터나 데이터베이스 툴 등을 활용하게 되면서 데이터 분석의 진입장벽이 많이 낮아졌다. 이로써 보다 많은 이들이 데이터 분석가로서 성장할 수 있는 기회가 생겼다는 것은 매우 고무적인 일이다.

3-3 R의 기본

이제 R을 활용한 R의 기본 문법을 숙지해보도록 하자.[2] 프로그래머라면 새로운 시작은 언제나 "Hello World"를 찍어보자. 물론, 지금 책을 보는 독자가 프로그래머가 아니어도 상관없다. "Hello World"는 모든 개발자(프로그래머)의 루틴과 같은 것이다. 다음과 같이 R의 커맨드창(명령어창)에 입력한다.

---

1 백인수, 박지혜 (2013). "데이터 시대: 데이터 분석의 중요성". IT&Future Strategy, 제9호, 한국정보화진흥원(NIA).

2 https://ko.wikiversity.org/w/index.php?title=R&oldid=20720

```
> "Hello world"
[1]"Hello world"
```

1) 데이터 타입

R에서 사용되는 데이터 타입에는 numeric(숫자), character(문자), logical(논리), NA/NULL이 있다.

① numeric(숫자형 타입): numeric, integer 두 타입이 존재한다(numeric의 경우 실수, integer의 경우 정수로 표현함).

② character(문자형 타입): character, factor 두 타입이 존재한다(character의 경우 문자, factor의 경우 level이 존재하는 문자로 표현함). " "(큰따옴표) 혹은 ' '(작은따옴표)를 사용하면 문자형 타입으로 취급하며, factor의 경우 범주형 데이터를 표현하기 위한 데이터 타입이다.

③ logical(논리형 타입): TRUE, FALSE 두 가지 타입이 존재한다(TRUE의 경우 T, FALSE의 경우 F로 표현 가능함). TRUE, FALSE 값은 숫자화한 경우 각각 1과 0의 값을 가진다.

④ NA/NULL: NA는 Not Available 상수, 즉 결측값(기록되지 않은 데이터, 누락된 데이터)을 의미한다. NULL은 데이터 값이 아니라 미지의 값에 대한 표시일 뿐이기 때문에 Null에 수학적 연산을 사용하는 것은 미지의 값으로 나타난다. 프로그래밍 편의를 위한 미정의 값을 의미한다.

2) 기본 연산

R의 기본 연산을 연습해보도록 하자. 산술 연산자는 사칙연산을 포함한 지수, 나머지, 몫이다.

연산자	설명	예
+	덧셈	a+b
-	뺄셈	a-b
*	곱셈	a*b
/	나눗셈	a/b
^	지수 승	a^2
%%	나머지	a%%b
%/%	몫	a%/%b

비교 연산자는 부등호를 다음과 같이 다룰 수 있다.

연산자	설명	예
==	같은가	a==b
!=	다른가	a!=b
〉	크다	a〉b
〉=	크거나 같다	a〉=b
〈	작다	a〈b
〈=	작거나 같다	a〈=b

논리 연산자는 진리표를 다음과 같이 구현할 수 있다.

연산자	설명	예
!	아니다(not)	!a
|	또는(or)	a|b
||	or(객체의 첫 번째 요소만 비교)	a||b
&	그리고(and)	a&b
&&	and(객체의 첫 번째 요소만 비교)	a&&b

```
> x <-c(1,2,3,4,5,6)    # 벡터 x의 정의
> y <- x^2              # 벡터 x의 제곱을 y로 정의
> print(y)              # 벡터 y 출력
[1] 1 4 9 16 25 36
>mean(y)                # 벡터 y의 (산술)평균
[1]15.16667
> median(y)             # 벡터 y의 중앙값
[1]12.5
> var(y)                # 벡터 y의 분산
[1]178.9667
```

3) 변수 할당

변수 할당은 <-, = 두 명령어로 진행한다. =는 명령의 최상위 수준에서만 사용할 수 있는 반면 <-는 어느 곳에서나 쓸 수 있다. =를 사용하면 경우에 따라 표현력에 한계가 있을 수 있기 때문에 되도록 <-를 사용해 변수에 값을 할당하는 것이 좋다.

```
> x<-1          # x라는 변수명에 1이라는 값이 할당됨.
> y=5           # y라는 변수명에 5라는 값이 할당됨.
> hello<-"world"   # hello 변수명에 world라는 값이 할당됨.
```

4) 변수 출력

변수 출력 방법에는 세 가지가 있다. ① 변수명 직접 호출, ② print() 함수 입력 ③ cat() 함수 입력이다. print() 함수와 cat() 함수 모두 출력할 때 사용하지만 print()는 결과를 출력한 뒤 줄바꿈이 일어나는 반면, cat()은 행을 바꾸지 않고 그대로 출력한다.

```
> x
[1]3
> z
[1] 5
>for (i in 1:3)print(i)
[1]1
[1]2
[1]3

>for (i in 1:3)cat(i)
123
```

5) 벡터의 활용

```
> vec <-c(1,2,3) #c()를 이용한 결합
> vec2 <-rep(1,5) #*rep() 반복 함수를 통해 생성
> vec3 <-seq(2:4) #*seq() ':'와 같이 범위 지정을 통해 생성
> vec4 <-5:1 #벡터 내의 스칼라는 모두 같은 데이터 타입을 가짐
> vec; vec2; vec3; vec4
[1]1 2 3
[1]1 1 1 1 1
[1]1 2 3
[1]5 4 3 2 1
```

벡터는 크게 세 가지 종류의 함수를 많이 활용한다. 벡터함수, non-벡터함수, 집합함수이다.

① 벡터함수: 벡터의 모든 요소에 적용되는 함수로, 출력 결과 개수가 input 벡터와 동일한 함수이다.

함수	설명	예
sqrt	제곱근	sqrt(x)
abs	절대값	abs(x)
round	반올림	round(x)
log	자연로그	log(x)
log10	상용로그	log10(x)
exp	지수함수	exp(x)
trunc	소수점 버림	trunc(x)
cumsum	누적합	cumsum(x)
cumprod	누적곱	cumprod(x)
cummax	누적 최대값	cummax(x)
cummin	누적 최소값	cummin(x)

② non-벡터 함수: 벡터의 모든 요소를 변수로 활용하여 결과값을 도출하는 함수이다.

함수	설명	예
mean	평균	mean(x)
median	중앙값	median(x)
range	범위 출력	range(x)
sd	표준편차	sd(x)
var	분산	var(x)
sum	합	sum(x)
min	최소	min(x)
max	최대	max(x)
IQR	사분위편차	IQR(x)
diff	차분	diff(x)

③ 집합 함수: 각 벡터를 하나의 집합으로 보고 두 벡터를 비교하는 함수이다.

함수	설명	예
union	합집합	union(x,y)
intersect	교집합	intersect(x,y)
setdiff	차집합	setdiff(x,y)
setequal	동일한가?	setequal(x,y)
is.element	포함 여부	is.element(x,y)

벡터는 인덱스를 갖는데 벡터[index] 형태로 출력이 가능하다. 여기서 주의해야 할 점은 다른 프로그래밍 언어와 다르게 1부터 시작한다는 것이다. 첫 번째 값을 출력할 경우 다음과 같이 출력할 수 있다.

```
> vec <-c(1,2,3)
> vec[1] #벡터 인덱스의 값 출력 벡터[index]
[1]1
```

6) 행렬과 배열의 활용

행렬(matrix)은 행(row)과 열(column)의 수가 지정된 구조로 벡터와 마찬가지로 한 가지 유형의 스칼라만을 저장하지만, 다른 점은 2차원 데이터 구조를 갖는다는 것이다. 즉 여러 개의 벡터들의 집합으로 이해할 수 있다. 행렬 선언은 다음과 같이 한다.

matrix(값, nrow = 행의 개수, ncol = 열의 개수, byrow = FALSE(디폴트값), dimnames = NULL)

배열(array)은 행과 열의 수가 지정된 구조이지만 다차원 구조로 데이터를 선언할 수 있다. 즉 행렬을 여러 페이지(차원)로 적재할 수 있다. 배열 선언은 다음과 같이 한다.

array(값, dim = c(행의 개수, 열의 개수, 페이지(=차원)의 개수), dimnames = NULL)

```
> matrix(1:4,2, byrow =T, dimnames =list(c("row1","row2"),c( "col1","col2")))
# byrow : 값의 입력 방향, TRUE '행' 우선, FALSE '열' 우선 입력
# dimnames : 행과 열의 이름, list로 기입
     col1 col2
row1    1    2
row2    3    4
> array(1:8,dim =c(2,2,2), dimnames =list(c("행1","행2"),c("열1","열2"),c("페이지
1","페이지2")))
# 행, 열, 페이지의 이름, 반드시 list로 기입
,, 페이지1
    열1 열2
행1  1   3
행2  2   4
,, 페이지2
    열1 열2
행1  5   7
행2  6   8
```

행렬과 배열은 행렬 연산 및 함수를 공유한다. 배열의 경우 1페이지 단위의 행렬을 공유하여 사용할 수 있다. 벡터와 같이 각 데이터 타입은 인덱스를 갖게 된다. 행렬의 인덱스는 행렬[행의 index, 열의 index]로 표시하고, 배열의 인덱스는 배열[행의 index, 열의 index, 페이지의 index]로 표시한다. index 자리를 공백으로 두면 해당 index 전체를 의미한다. 예를 들어 matrix[x,]와 같이 열의 index 자리를 비우면 x행의 전체 열을 출력하라는 의미다.

행렬과 배열은 다음 연산 및 함수를 공유하여 사용할 수 있다.

함수	설명	예
nrow	행렬의 행(row)의 개수	nrow(a)
ncol	행렬의 열(column)의 개수	ncol(a)
rownames	행렬의 행 이름 설정	rownames(a)
colnames	행렬의 열 이름 설정	colnames(a)
%*%	행렬의 곱	a%*%b
rowSums	행렬의 행 합계	rowSums(a)
colSums	행렬의 열 합계	colSums(a)
diag	행렬의 대각원소	diag(a)
t	전치행렬	t(a)

7) 데이터 프레임의 활용

데이터 프레임(data frame)은 처리할 데이터를 엑셀의 스프레드시트와 같이 표 형태로 정리한 데이터 타입이다. 따라서 한 가지 유형의 스칼라가 아니라 다양한 데이터 타입을 적재할 수 있다는 장점이 있어 데이터 분석 시 가장 많이 활용된다. data.frame() 함수를 활용하여 다음과 같이 선언한다.

```
data.frame(값1,값2,값3, stringsAsFactors = FALSE)
```

```
> id<-c(20190001,20190002,20190003,20190004)
> name<-c("오세영","이용기","박창주","박지형")
> study<-c("토","일","화","목")
> class<-data.frame(id, name, study, stringsAsFactors =FALSE)
#Factor가 아닌 문자벡터로 변환 설정
> class
        id name study
1 20190001 오세영     토
2 20190002 이용기     일
3 20190003 박창주     화
4 20190004 박지형     목
```

데이터 프레임은 데이터베이스의 일부 기능을 함수화하여 사용할 수 있다.

함수	설명	예
rbind	합집합: row 합	rbind(x,y)
cbind	합집합: column 합	cbind(x,y)
merge	key 기분 join(row, column)	merge(x,y,by='key')

데이터 프레임은 인덱스와 컬럼명을 갖게 된다. 행렬의 인덱스 형태로 데이터 프레임[행의 index, 열의 index]을 출력할 수 있고, 데이터 프레임$컬럼명 형태로도 출력할 수 있다.

8) 리스트 활용

리스트(list)는 앞서 설명한 데이터 타입(벡터, 행렬, 배열, 데이터 프레임)을 모두 적재할 수 있는 데이터 타입이다. 프로그래밍 언어에서 딕셔너리(dictionary) 타입으로 이해하면 좋을 것 같다.

```
> lst <- list(vec, mat, arr, class)
[[1]]
[1] 1 2 3

[[2]]
     col1 col2
row1    1    2
row2    3    4
----------------------데이터 출력 이하 생략 ------------------
```

리스트의 인덱스 형태는 리스트[[인덱스]]로 출력할 수 있다. 만약 리스트 안의 벡터 값을 가져오고 싶다면 리스트[[리스트인덱스]][벡터인덱스], 데이터 프레임의 경우 리스트[[리스트인덱스]]$컬럼명 형태로 출력할 수 있다.

각 데이터 타입에 따라 인덱스와 사용할 함수가 다르기 때문에 데이터를 다루기 전에 데이터 타입을 확인할 수 있는 함수를 소개하면 다음과 같다.

함수	설명	예
is.vector	벡터 확인: 벡터일 경우 True	is.vector(x)
is.matrix	행렬 확인: 행렬일 경우 True	is.matrix(x)
is.array	배열 확인: 배열일 경우 True	is.array(x)
is.data.frame	데이터 프레임 확인: 데이터 프레임일 경우 True	is.data.frame(x)
is.list	리스트 확인: 리스트일 경우 True	is.list(x)

3-4 기본 데이터를 활용한 시각화

R의 기본 연산과 데이터 타입을 활용하여 분석에 활용할 예제 data()로 R에서 기본으로 제공하는 데이터를 확인할 수 있다.

```
> data()
```

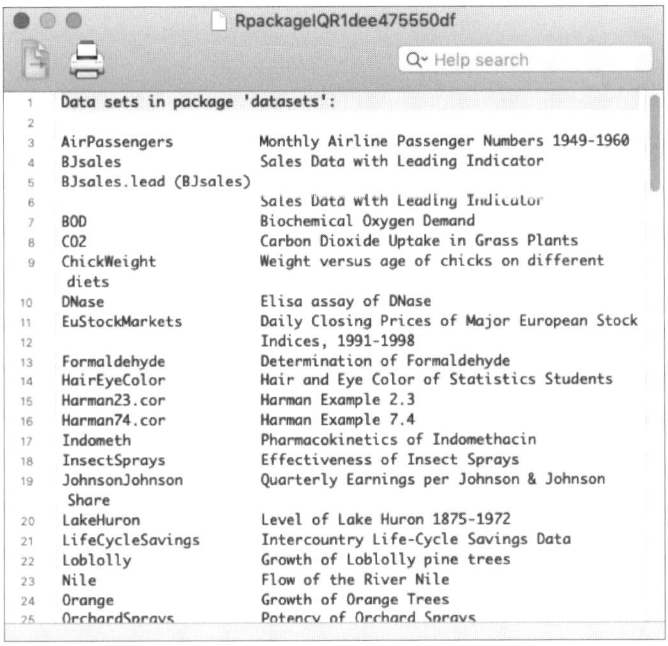

나와 있는 리스트 중 cars라는 데이터에 대해 확인해보는 스크립트이다. 차 id / speed / dist로 적재되어 있는 약 50줄의 데이터를 확인할 수 있다.

```
> cars

  speed dist
1    4    2
2    4   10
3    7    4
----------------------데이터 출력 이하 생략 ------------------
> is.data.frame(cars)
[1] True
```

데이터의 speed와 dist를 각각 x, y축으로 하는 산점도(scatter plot)를 그리는 실행 스크립트는 다음과 같다.

```
> plot(cars)
```

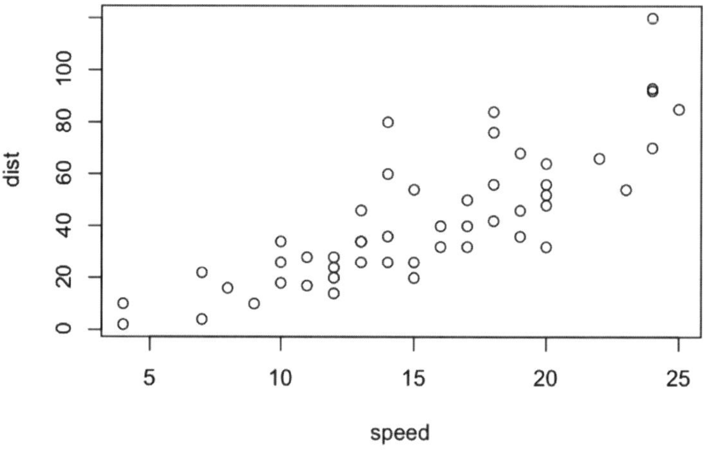

이번에는 speed를 범주로 하여 데이터의 분포를 확인해보자. 선행되어야 할 것은 데이터의 범주 기준을 정하는 것이다.

```
> table(cars$speed)

 4  7  8  9 10 11 12 13 14 15 16 17 18 19 20 22 23 24 25
 2  2  1  1  3  2  4  4  4  3  2  3  4  3  5  1  1  4  1
```

위의 데이터와 산점도를 확인해보면 speed는 0~25까지 데이터가 분포되어 있음을 알 수 있다. 그렇다면 0~25까지 데이터를 5단위 기준으로 범주화해서 분포를 확인해보자.

```
> table(cut(cars$speed,seq(0,25,by=5)))

(0,5]  (5,10]  (10,15]  (15,20]  (20,25]
  2      7       17       17       7
```

5단위 기준으로 범주화한 데이터를 확인해보면 10~15, 15~20 사이의 speed를 가진 자동차들이 50개 중 각 17개로 가장 많이 분포되었음을 알 수 있다. 이제 이러한 출력물을 분포도(histogram)로 시각화해보자.

```
> hist(cars$speed,seq(0,25,by=5))
```

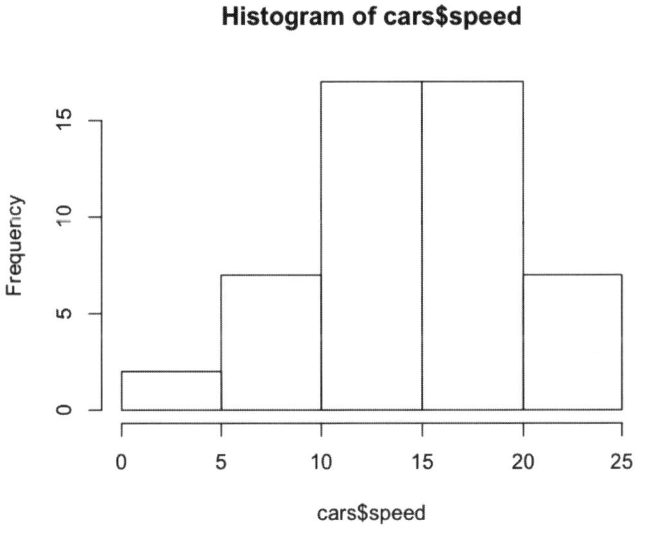

분포도를 통해 데이터의 속성을 직관적으로 파악할 수 있다.

4 R 데이터 분석 확장하기

기본 데이터를 기반으로 기초적인 데이터 시각화를 진행해보았으니 이제 2장에서 만들어둔 데이터를 불러와 분석 준비를 해보자. R에서 제공하는 DB 연결 컴포넌트를 확인하려면 공식 홈페이지(https://cran.r-project.org/doc/manuals/r-release/R-data.html#R-interface-packages)에서 할 수 있다. 현재까지 개발된 컴포넌트로는 RMySQL, ROracle, RPostgreSQL, RSqlLite, RMongo 등이 제공되고 있다. 이러한 컴포넌트들은 기본 설치된 항목은 아니고 추가 설치를 진행해야 한다.

R은 이러한 추가 컴포넌트를 CRAN(Comprehensive R Archive Network)을 통해 배포하고 확장하는 구조로 되어 있다. CRAN에서 현재 제공되는 패키지에 대해서는 공식 홈페이지로 접근해 Package → available_packages(https://cran.r-project.org/web/packages/available_packages_by_date.html)에서 간략한 설명을 확인할 수 있다. 예를 들어 RMySQL로 데이터베이스를 연결하는 것을 발견했다면 색으로 표시된 'RMySQL' 하이퍼링크를 선택하여 패키지의 상세정보와 사용방법을 익힌 후 패키지를 활용하는 것이 좋다.

2019-03-04	RMySQL	Database Interface and 'MySQL' Driver for R

```
> install.packages()
```

또는 위의 명령어를 이용해 리스트에서 필요한 패키지를 찾을 수 있다. install.packages() 키워드를 입력한 후 다음 그림(왼쪽) Secure CRAN mirrors(다운로드 repository)를 선택한다. 다양한 국가의 서버가 보이는데 리스트 아래로 내려가다 보면 우리나라 서버가 4개나 나타난다. 필자가 R을 처음 접했을 당시에는 서버가 2개밖에 없었는데 그만큼 R 사용자들이 많아지고 수요가 증대된 것을 알 수 있다. 다음 그림(오른쪽)에 나와 있는 패키지의 리스트를 살펴보고 선택 시 다운로드할 수 있다.

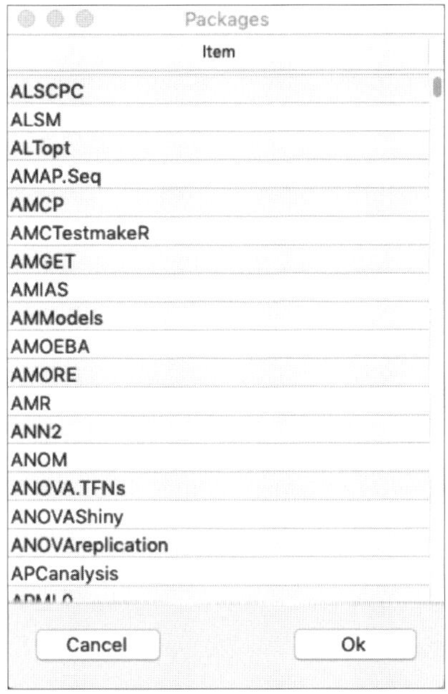

4-1 CRAN을 활용한 데이터베이스 연결하기

그럼 이제 본격적으로 CRAN을 활용해서 패키지를 다운로드하고 활용해보자. 우리가 설치하고 진행했던 DB는 MySQL이므로 CRAN에 접근하여 RMySQL을 설치해보자. 만약 분석해야 할 DB가 별도로 존재하거나, 건강보험 데이터를 다른 종류의 DB에 입력했다면 관련 패키지를 찾아서 진행한다. CRAN을 활용하여 패키지를 다운로드할 때는 install.packages('RMySQL') CRAN Mirror를 선택하면 설치할 수 있다.

```
> install.packages('RMySQL')

--- Please select a CRAN mirror for use in this session ---
also installing the dependency 'DBI'
```

```
trying URL 'https://cran.seoul.go.kr/bin/macosx/el-capitan/contrib/3.6/
DBI_1.0.0.tgz'
Content type 'application/x-gzip' length 879880 bytes (859 KB)
==================================================
downloaded 859 KB

trying URL 'https://cran.seoul.go.kr/bin/macosx/el-capitan/contrib/3.6/
RMySQL_0.10.17.tgz'
Content type 'application/x-gzip' length 1417562 bytes (1.4 MB)
==================================================
downloaded 1.4 MB
```

명령어 입력 후 화면에 노출되는 정보를 보면 DBI 패키지도 자동으로 설치되는 것을 확인할 수 있다. 이는 RMySQL 패키지가 DBI 패키지에 종속적인 패키지로 개발되었다는 의미이며, 따라서 library 사용 시 DBI도 함께 사용해야 한다는 의미이기도 하다.

이제 R과 DB를 연결하고 확인해보자.

```
#필요 라이브러리 로드
> library(DBI)
> library(RMySQL)
#연결 설정
> con <- dbConnect(MySQL(),username="root",password="*****",host="127.0.0.1",
port=3306,dbname="nhis")
#DB 정보 확인
dbGetInfo(con)
-------------------DB 정보 노출 이하 생략 ---------------
#DB 연결 끊기
dbDisconnect(con)
```

'dbGetInfo(con)' 키워드를 통해 연결된 DB 정보인 host, user, dbname, conType, serverVersion 등을 확인할 수 있다.

4-2 보건의료 데이터 확인하기

DB 연결을 확인했으니 다음의 쿼리를 이용하여 R에서 dbGetQuery 함수를 활용하여 DB 데이터를 확인해보자.

```
> SELECT si.sido, count(*) as cnt
FROM nhis.t_nhis_open_gj gj
inner join t_age_group ag on gj.age_group = ag.group
inner join t_sido si on gj.sido = si.code
group by si.sido
order by 1
```

다음 명령문을 순차적으로 실행하여 데이터를 확인해보자.

```
#필요 라이브러리 로드
> library(DBI)
> library(RMySQL)
#연결 설정
> con <- dbConnect(dbDriver("MySQL"),username="root",password="***", host="
127.0.0.1",port=3306,dbname="nhis")
#DB 쿼리 확인
> dbGetQuery(con, 'SELECT si.sido, count(*) as cnt
  FROM nhis.t_nhis_open_gj gj
  inner join t_age_group ag on gj.age_group = ag.group
  inner join t_sido si on gj.sido = si.code
  group by si.sido
  order by 1')
```

데이터를 확인했을 때 한글이 '??' 형태로 깨져 나타나기도 한다. 이때는 R과 MySQL 데이터 간 인코딩(encoding) 호환 이슈가 발생한 것으로 설정을 변경해 해결할 수 있다. Windows OS의 경우 기본 인코딩 설정이 EUC-KR로 설정되어 있으므로 다음 명령어를 이용하여 쿼리 리턴값을 설정하면 된다.

```
> rs <- dbSendQuery(con,'set character set "euckr"')
```

Mac OS의 경우 기본 인코딩 설정이 UTF-8로 설정되어 있으므로 아래 명령어를 이용하여 쿼리 리턴값을 설정하면 된다.

```
> rs <- dbSendQuery(con,'set character set "utf8"')
```

인코딩 설정이 필요한 경우에는 다음과 같이 명령어를 입력한다.

```
#필요 라이브러리 로드
> library(DBI)
> library(RMySQL)
#연결 설정
> con <- dbConnect(dbDriver("MySQL"),username="root",password="***", host="
127.0.0.1",port=3306,dbname="nhis")
#인코딩 설정
> rs <- dbSendQuery(con,'set character set "euckr"')
#DB 쿼리 확인
> dbGetQuery(con, 'SELECT si.sido, count(*) as cnt
  FROM nhis.t_nhis_open_gj gj
  inner join t_age_group ag on gj.age_group = ag.group
  inner join t_sido si on gj.sido = si.code
  group by si.sido
  order by 1')

      sido    cnt
1     강원도  25224
2     경기도  211790
3   경상남도  59225
--------------------DB 결과 노출 이하 생략 ---------------
```

4-3 보건의료 데이터 시각화

보건의료 데이터를 확인했으니 이제 그래프로 나타내 확인해보자. 앞에서 실행한 보건의료 데이터를 tdata 객체에 저장한 후 저장 데이터를 그리는 실행문은 다음과 같다.

```
> tdata <- dbGetQuery(con, 'SELECT si.sido, count(*) as cnt
  FROM nhis.t_nhis_open_gj gj
  inner join t_age_group ag on gj.age_group = ag.group
  inner join t_sido si on gj.sido = si.code
  group by si.sido
  order by 1')
> barplot(tdata$cnt, names.arg=tdata$sido, xlab="시도", ylab="검진자수")
```

실행 결과는 다음과 같다.

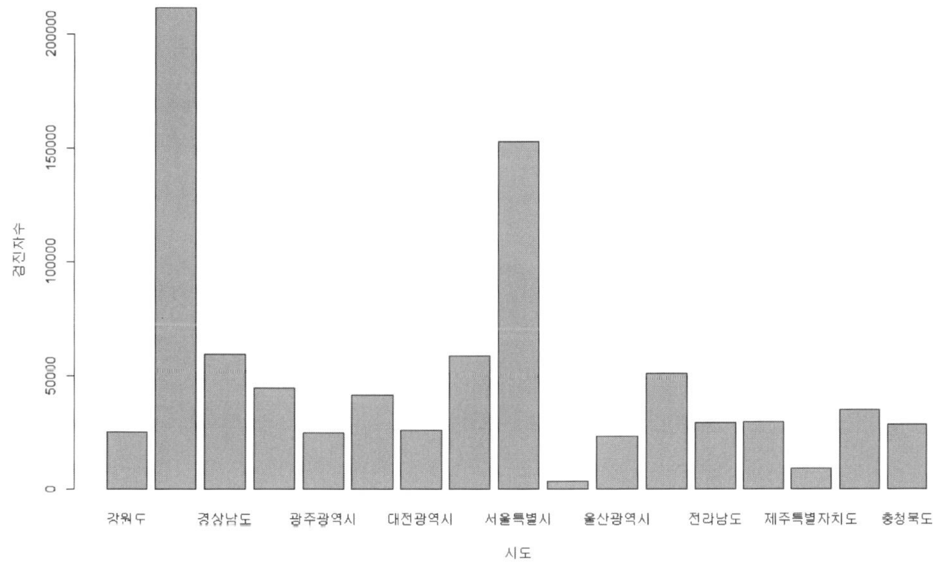

출력 결과를 보면 앞의 그림과 같이 x축이 글자 길이 때문에 잘리는 것을 확인할 수 있다. R의 특징 중 하나는 이러한 결과값들의 커스터마이징(customizing)이 가능하다는 것이다.

```
> barplot(tdata$cnt, names.arg=tdata$sido, xlab="시도", ylab="검진자수",
las=2, col="blue", border="red")
```

위의 스크립트를 이용해 출력한 이미지는 다음과 같다.

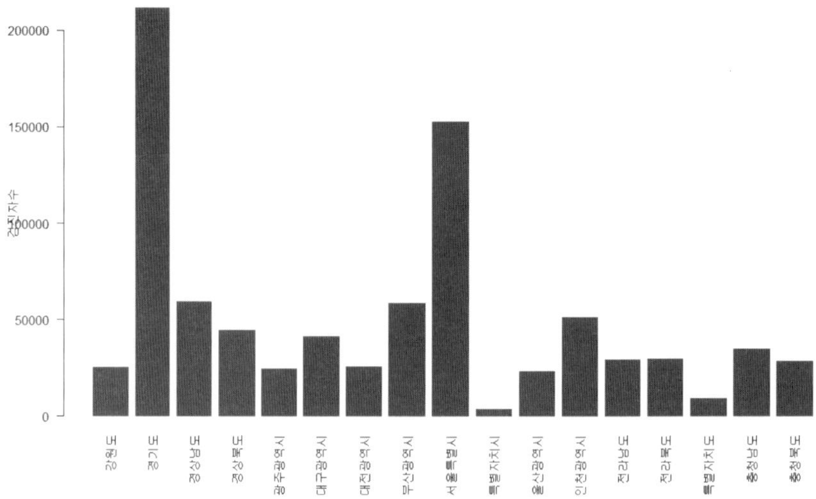

5 Rserve를 활용한 통계서버 만들기

5-1 CRAN을 활용한 통계서버 만들기

이제 4절에서 다룬 내용들과 출력한 이미지를 공유할 수 있는 통계서버를 만들어보자. CRAN을 활용해서 'Rserve'라는 패키지를 이용해 만드는데, Rserve 패키지에 대한 설명은 다음 페이지(https://cran.r-project.org/web/packages/Rserve/index.html)에서 확인할 수 있다.

```
> install.packages("Rserve")
```

Windows OS에서 'installation of package 'Rserve' had non-zero exit status' 오류로 설치를 진행하기 어렵다면, 아래의 명령어를 실행해 설치 경로를 확인해보자.

```
> .libPaths()
```

출력값에 설치 경로 'Program Files'과 같이 띄어쓰기가 포함된 내용이 있다면 다시 설치해야 한다. 앞에서 소개한 R의 기본 내용을 다시 확인한 후 설치를 진행해보자.

Mac OS 환경에서 installation of package 'Rserve' had non-zero exit status 오류가 난다면 Xcode 설치와 실행 가능 여부를 확인해보자. Xcode가 설치되어 있지 않거나 실행되지 않는다면 앱스토어에서 검색 후 Xcode를 재설치하거나 업데이트를 진행한다. 이때 반드시 License [Agree]까지 완료를 진행해야 한다. 설치 중 no such sysroot directory: '/Library/Developer/CommandLineTools/SDKs/MacOSX.sdk' 오류가 나타나면 터미널(terminal.app)로 폴더와 Sdk의 존재를 확인한다.

```
$ ls /Library/Developer/CommandLineTools/SDKs
```

폴더와 Sdk가 존재하지 않을 경우 아래의 키워드로 명령어 라인 개발자 도구 설치를 진행한다.

```
$ xcode-select --install
```

Rserve 패키지 설치를 완료한 후에는 라이브러리를 로드하고 서버를 실행해보자. 실행 스크립트는 다음과 같다.

```
> library(Rserve)
> Rserve()
Starting Rserve...
------------------- Rserve 실행 위치 생략 -------------------
```

you must specify '--save', '--no-save' or '--vanilla' 에러가 발생하면 Rserve(args = "--no-save") 형태로 실행을 진행한다.

이로써 여러분이 사용하고 있는 R에 외부에서 접근할 수 있도록 설정을 마친 것이다. 이러한 환경을 구축함으로써 각 사용자들은 분석에 필요한 CRAN 패키지들의 설치 및 설정 관리에서 벗어나 클라이언트(client)에서 전송받은 스크립트(script)를 처리한 후 회신할 수 있다. 클라이언트를 웹이 아닌 R로만 진행하길 원하는 독자는 Rserve 패키지와 호환되는 RSclient 패키지를 활용해서 통계서버를 구축한 후 클라이언트에 추가적인 패키지 추가 없이 원격 분석을 진행할 수 있다. 본서에서는 다음 4장으로 넘어가 우리가 구축한 Rserve를 원격으로 접속하는 클라이언트 프로그램을 만들어보고 웹 서버로 출력하는 내용을 살펴보겠다.

5-2 Windows 환경 통계서버 Rserve 자동실행

Windows NT 설정에 대해 간단히 알아보자. Windows 서버 시작 시 Rserve 자동실행을 설정하기 위해 설치파일(C:\R\R-3.2.0\bin\i386)로 이동하여 아래 그림과 같이 Dll(dynamic linking library) 파일을 선택하고 복사한다. 그런 다음 Rserve.exe 파일(C:\R\R-3.2.0\library\Rserve\libs\i386)에 복사한다.

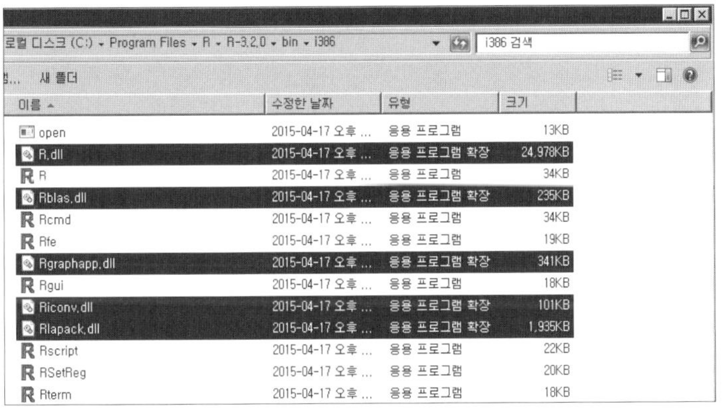

Rserve.exe를 실행하여 구동 여부를 확인한다. 통계 모듈을 활용하여 통계 처리할 때 반드시 켜져 있어야 하므로 필요 시에는 서버 시작 프로그램으로 지정하여 서버를 구성해 운영할 수도 있다.

5-3 Linux/Mac OS 환경 통계서버 Rserve 자동실행

Linux(리눅스) 기반 서버 설정에 대해 간단히 알아보자. Linux 터미널에 다음과 같은 명령어를 실행하게 되면 'Rserve started in daemon mode.' 데몬 모드가 실행된다.

```
$ R CMD Rserve
```

실행된 Rserve가 오류가 나거나 응답이 없을 때는 Windows의 경우 실행된 Rserve.exe를 종료하면 된다. Linux의 경우 실행 중인 Rserve 데몬을 모두 죽여야 한다. 'address already in use'와 같은 에러가 나거나 다른 용도로 필요 시에는 아래의 명령어를 사용하자.

```
$ killall -INT Rserve
```

이제 Linux 서버가 시작될 때 커맨드를 자동으로 실행할 수 있도록 셸 스크립트(shell script)를 작성해보자. etc/rc.d/init.d 셋팅 폴더에 다음과 같이 스크립트를 작성하면 Linux 서버 실행 시 Rserve가 자동으로 실행된다.

```
#!/bin/bash

### BEGIN INIT INFO
# Provides:            rserve
# Required-Start:      $local_fs $remote_fs $network $syslog
# Required-Stop:       $local_fs $remote_fs $network $syslog
# Default-Start:       2 3 4 5
# Default-Stop:        0 1 6
# Short-Description: Startup script for RServe
# Description:         Rserve is a server for execution of R code
### END INIT INFO
# /etc/init.d/rserve
# Startup script for RServe
# chkconfig: 2345 20 80
# description: Starts and stops rserve
```

```
. /lib/lsb/init-functions

PID=/var/run/rserve.pid

NAME="rserve"

DESC="R execution server"
DAEMON="/usr/lib/R/bin/Rserve"
RSERVE_USER="www-data"
RSERVE_LOG="/var/log/rserve/rserve.log"
RSERVE_CONF="/etc/rserve/conf"
export R_HOME="/usr/lib/R"

if [ -f /etc/default/rserve ]; then

 . /etc/default/rserve

fi

running() {
 kill -0 `cat ${PID}` > /dev/null 2>&1
}

start_rserve() {
 touch ${PID} && chown ${RSERVE_USER}:${RSERVE_USER} ${PID}
  lr
 start-stop-daemon --start --user ${RSERVE_USER} --make-pidfile --pidfile
${PID} --chuid ${RSERVE_USER} --chdir ${R_HOME} \
    --startas ${DAEMON} -- --RS-conf ${RSERVE_CONF} --RS-pidfile ${PID}
--no-save >>$RSERVE_LOG 2>&1 || true
}
stop_rserve() {
 start-stop-daemon --stop quiet pidfile ${PID} \
    --exec ${DAEMON} || true
}
```

```
status_serve() {
 status_of_proc -p ${PID} $NAME $NAME && exit 0 || exit $?
}

case "$1" in
 start)
  log_daemon_msg "Starting $DESC" "$NAME"
  start_rserve
  log_end_msg $?
  ;a;
 stop)
  log_daemon_msg "Stopping $DESC" "$NAME"
  stop_rserve
  log_end_msg $?
  ;;
 restart|force-reload)
  log_daemon_msg "Restarting $DESC" "$NAME"
  stop_rserve
  sleep 1
  start_rserve
og_end_msg $?
  ;;
 status)
  status_rserve
  ;;
 *)
  echo "Usage: $NAME {start|stop|restart|status}" >&2
  exit 1
  ;;
esac

exit 0
```

1. R 기본 제공 데이터인 cars 데이터를 확인한 후 plot 함수를 활용해 산점도의 변화를 확인해보자.

예: `plot(cars)` / `plot(cars,type="l")` / `plot(cars,type="b")` / `plot(cars,type="o")`

2. tapply(cars$dist, cars$speed, mean)는 speed마다 평균 dist를 나타내는 다음의 데이터가 나온다.

```
       4        7        8        9       10       11       12
 6.00000 13.00000 16.00000 10.00000 26.00000 22.50000 21.50000
      13       14       15       16       17       18       19
35.00000 50.50000 33.33333 36.00000 40.66667 64.50000 50.00000
      20       22       23       24       25
50.40000 66.00000 54.00000 93.75000 85.00000
```

이 데이터를 기반으로 plot 함수를 활용해 시각화해보자.

4장 클라이언트

1 서버-클라이언트란?
2 클라이언트 개발환경
3 Java 기본 문법
4 Java-R 통신 클라이언트 프로그램

1 서버-클라이언트란?

1-1 서버-클라이언트의 개요

3장에서 통계서버를 구축하였고, 이제 4장에서는 통계서버를 활용한 클라이언트[1] 프로그램을 만들어 원격의 통계서버와 통신할 수 있는 하나의 시스템[2]을 만들 것이다. 우리가 만들 시스템은 서버-클라이언트(server-client) 구조를 지니게 된다. 서버-클라이언트 구조란 통계서버에서 제공하는 서비스를 요청하고, 서비스 요청을 위해 필요한 인자를 서버가 원하는 방식에 맞게 제공하며, 서버로부터 반환되는 응답에 사용자(클라이언트)에게 적합한 방식으로 표현하는 기능을 지닌 시스템이다. 특별히 이 장에서는 자바(Java)라는 플랫폼을 활용하여 사용자 클라이언트를 다루어볼 것이다. 이로써 우리는 MySQL, R, 그리고 Java를 활용하여 다양한 환경에서 구현 및 공유할 수 있는 통계 시스템을 구축할 수 있다.

1-2 서버-클라이언트의 필요성

서버-클라이언트 시스템을 구축하는 이유는 이미지 파일 특성상 재생산하는 비효율성이 있고, 다른 사용자와 스크립트나 보고서를 공유할 때 버전 관리 등의 문제 또한 생길 수 있기 때문이다. 서버-클라이언트 시스템은 다수의 사용자가 통일된 결과값을 얻기 위해 도입하기 적합한 시스템이다.

---

1 클라이언트란 네트워크를 통하여 서버라는 다른 컴퓨터 시스템상의 원격 서비스에 접속할 수 있는 응용 프로그램이나 서비스를 말한다. (https://ko.wikipedia.org/wiki/클라이언트)

2 시스템이란 각 구성요소들이 상호작용하거나 상호 의존하여 복잡하게 얽힌 통일된 하나의 집합체(unified whole)를 말한다. (https://ko.wikipedia.org/wiki/시스템)

1-3 클라이언트

이번 장에서는 3장에서 R과 Rserve 패키지를 활용해 구축한 통계서버를 접속할 클라이언트 프로그램을 만들어볼 예정이라고 하였다. 그렇다면 클라이언트는 어떠한 형태로 만들 수 있을까? 단순히 사용자의 액션을 입력받아 통계서버로 분석 내용을 요청하고 분석 결과를 받아 사용자에게 보여주는 OS 기반에서 지원되는 GUI를 활용한 사용자 프로그램이 아니라, 터미널 또는 커맨드창의 명령어 인터페이스에서 애플리케이션 클라이언트[3]를 만들어볼 예정이다. 그리고 이렇게 만든 Java 애플리케이션 클라이언트를 웹 서버(web server)[4]에서 실행 및 접속할 수 있도록 웹 서버 프로그램과 웹 애플리케이션으로 변형하여 개발할 예정이다. 현재 대부분의 PC의 OS에서 제공 중인 인터넷 브라우저에서 웹 클라이언트를 활용하여 통계서버와 결과를 공유하는 시스템을 구축할 예정이다.

2 클라이언트 개발환경

2-1 Java란?

Java는 "한 번 작성하면 어느 곳에서든 실행한다(Write Once, Run Anywhere)"는 표어 아래 개발된 객체지향적 프로그래밍 언어이자 플랫폼이다. 썬 마이크로시스템즈의 제임스 고슬링(James Gosling)이 1991년 Java 언어를 만들었고 1995년 Java 1.0이 처음 대중에게 공개되었다. 이후 Java는 무료 실행환경을 제공하는 개발자들에게 일종의 스테디셀러격인 개발 언어로 자리 잡았고 우리나라에서도 많은 이들이 사용하고 있다. Java는 어떤 장비에서도 개발될 수 있고, 표준 바이트코드로 컴파일되고, 자바 가상 머신(Java Virtual

3 Java EE 클라이언트 정의 (https://javaee.github.io/tutorial/overview004.html)

4 웹 서버란 웹 브라우저로 HTTP 요청을 받아들이고 HTML 문서와 같은 웹 페이지를 반환하는 컴퓨터 프로그램이다. (https://ko.wikipedia.org/wiki/웹 서버)

Machine, JVM)[5]이 장착된 어떤 장비에서도 실행될 수 있는 자바 실행 환경(Java Runtime Environment, JRE)[6]을 제공한다.

2-2 Java 개발 도구

1) Java 개발 도구(JDK) 설치하기

비전문가에게 JRE, JDK 같은 용어는 생소하고 헷갈릴 수 있다. 자세한 내용은 Java 홈페이지(www.java.com)에서 안내받을 수 있다.

JRE (Java Runtime Environment)	JDK(Java Development Kit)
JRE는 실제로 Java 프로그램을 실행하는 자바 가상 머신을 구현하는 환경이다.	JDK는 Java 기반 응용 프로그램을 개발하는 데 사용할 수 있는 소프트웨어 번들이다.
JRE는 Java 프로그램 실행에 필요한 플러그인이다.	JDK는 Java 프로그램을 개발하는 데 필요하다.
JRE는 JDK보다 크기가 작기 때문에 더 적은 디스크 공간이 필요하다.	JDK는 다양한 개발 도구를 비롯해 JRE를 포함하므로 더 넓은 디스크 공간이 필요하다.
JRE는 다음 사이트(java.com)에서 무료 다운로드 및 지원이 제공된다.	JDK는 다음 사이트(oracle.com)에서 무료 다운로드 및 지원이 제공된다.
JRE는 Java에서 작성된 응용 프로그램과 애플릿을 실행하는 JVM, 코어 라이브러리 및 그 외 추가 구성요소를 포함한다.	JDK는 Java 애플릿과 응용 프로그램을 작성하는 데 필요한 JRE, API 클래스 집합, Java 컴파일러, Webstart 및 추가 파일을 포함한다.

Oracle JDK8 버전 이상으로 개발을 하고 서비스를 운영할 독자들은 다음 사항을 유의해야 한다. Java SE 라이선스를 구매하지 않을 경우 공개SW 기반의 OpenJDK를 활

5 자바 가상 머신이란, 모든 자바 프로그램을 CPU나 운영체제의 종류와 무관하게 동일하게 동작할 것을 보장하도록 자바 바이트코드를 실행할 수 있는 주체이다. (https://ko.wikipedia.org/wiki/자바 가상 머신)

6 자바 실행 환경이란, Java 프로그래밍 언어로 작성된 애플릿 및 응용 프로그램을 실행하는 데 필요한 환경을 말한다. (https://www.java.com/ko/download/faq/techinfo.xml)

용하면 Java를 무료로 이용할 수 있다. Java 11 이상부터 Oracle JDK는 유상으로만 공개되며, 그 대신 Java 11에서 Oracle JDK와 동일한 기능과 품질을 갖춘 OpenJDK 바이너리가 무료로 제공될 예정이다.

OpenJDK는 Oracle JDK와 마찬가지로 TCK(Java Technology Certification Kit)를 통과한 동일한 Java 사양으로 구현된 프로그램으로 오라클에서만 생성, 유지, 관리된다. OpenJDK는 GPL v2 라이선스가 부여되며, Oracle JDK의 빌드 프로세스는 OpenJDK 소스 코드를 기반으로 하기 때문에 두 JDK 간에 기술적 차이는 없다. 다만, OpenJDK에는 Oracle JDK에서 제공하는 일부 기능이 포함되지 않는다.

OpenJDK는 다음 사이트(http://jdk.java.net/)에서 Linux, Windows 환경별로 다운로드할 수 있다. 향후 서비스 운영 시 라이선스 이슈를 피할 수 있으니 참고하도록 하자.

이제 다운로드를 진행해보자. 다음 페이지(https://www.oracle.com/technetwork/java/javaee/downloads/index.html)로 이동한 후 다운로드 탭을 선택하면 그림과 같은 화면이 노출되고 JDK 최신 버전을 다운로드받을 수 있다. 개인 및 학습용은 여전히 무료로 사용할 수 있다. 다운로드 버튼을 눌러 Accept License Agreement를 선택한 후 자신의 환경에 맞게 파일을 선택하여 다운로드한다.

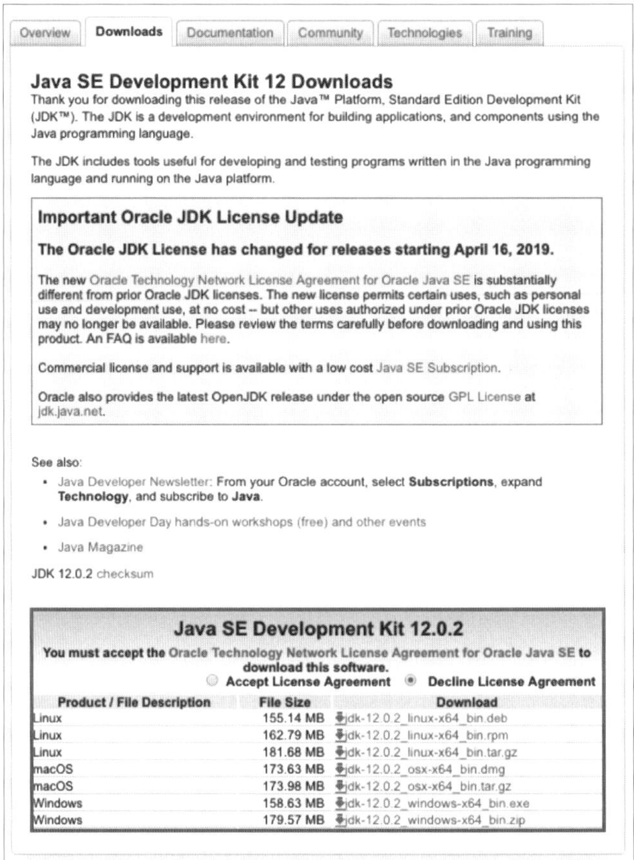

2) Windows 환경에서 JDK 설치하기

Windows용 Java 다운로드 홈페이지로 이동하여 다음과 같이 다운로드를 진행할 수 있다. 다운로드 진행된 jdk-12.0.2_windows-x64_bin.exe(2019년 6월 기준)를 실행한다.

Java(TM) SE Development Kit 12.0.2 (64-bit) - Setup
Java
ORACLE
Welcome to the Installation Wizard for Java SE Development Kit 12.0.2
This wizard will guide you through the installation process for the Java SE Development Kit 12.0.2.
Next >
Cancel

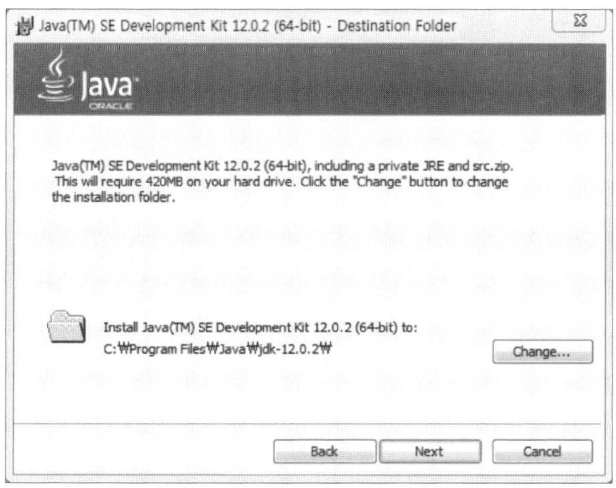
Java(TM) SE Development Kit 12.0.2 (64-bit) - Destination Folder
Java
ORACLE
Java(TM) SE Development Kit 12.0.2 (64-bit), including a private JRE and src.zip. This will require 420MB on your hard drive. Click the "Change" button to change the installation folder.
Install Java(TM) SE Development Kit 12.0.2 (64-bit) to:
C:₩Program Files₩Java₩jdk-12.0.2₩
Change...
Back
Next
Cancel

Java(TM) SE Development Kit 12.0.2 (64-bit) - Complete
Java
ORACLE
Java(TM) SE Development Kit 12.0.2 (64-bit) Successfully Installed
Click Next Steps to access tutorials, API documentation, developer guides, release notes and more to help you get started with the JDK.
Next Steps
Close

Windows → 실행(cmd)창에서 아래 키워드를 확인하면 Java의 정상 설치 여부를 확인할 수 있다.

```
> java -version
```

다음 그림과 같이 java version "1.8.0.221" 형태로 노출되는지 확인한다.

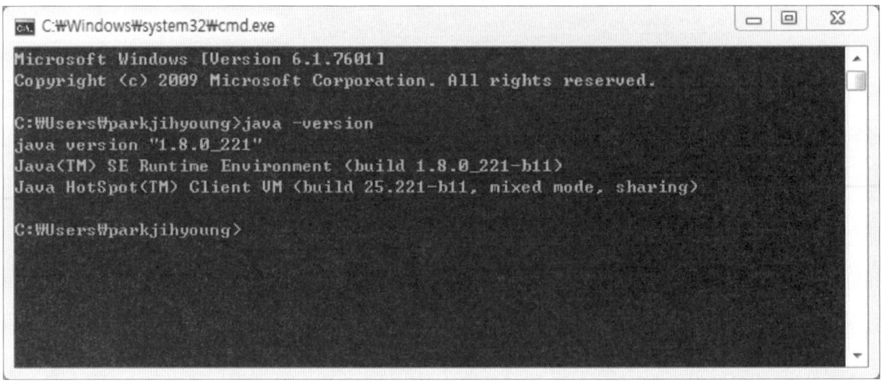


```
> javac -version
javac 12.0.2
```

Windows 사용자 중 화면에 "javac은(는) 내부 또는 외부 명령, 실행할 수 있는 프로그램, 또는 배치 파일이 아닙니다"라는 문구가 표시될 수 있다. 이런 경우 내 컴퓨터(내 PC)에서 마우스 우클릭 → 속성 → 고급 시스템 설정을 선택한다.

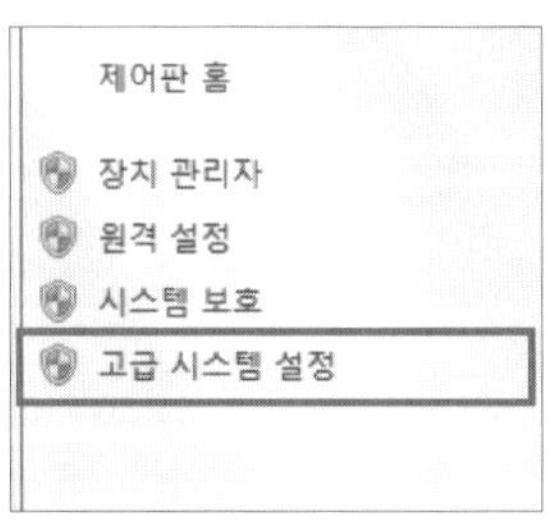

시스템 속성 → 고급 → 환경변수 → 시스템 변수 편집을 선택한다.

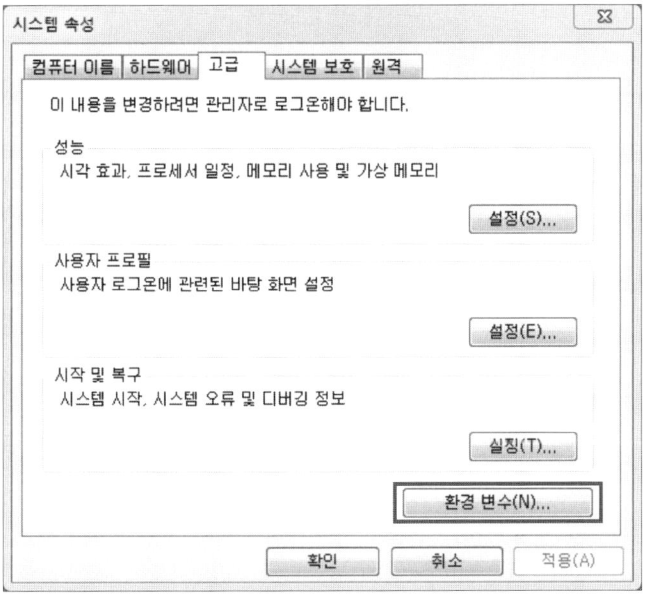

변수 이름 칸에는 JAVA_Home, 변수값(설치경로) 칸에는 C:\Program Files\Java\jdk-12.0.2를 입력한다. 변수값은 본인의 Java 설치 파일을 확인하고 진행한다.

Path 변수를 편집하여 값을 더한다. Windows 7의 경우 편집하여 아래와 같이 추가를 진행한다. 변수 이름 칸에는 Path, 변수값 칸에는 ;%JAVA_HOME%\bin을 입력한다. Windows 10의 경우 새로 만들기를 통해 %JAVA_HOME%\bin을 입력한다.

설정을 했는데도 동일한 에러가 발생하면 Windows를 다시 시작해보자.

3) Mac OS 환경에서 JDK 설치하기

Mac OS용 Java 다운로드 홈페이지로 이동해 무료 다운로드를 진행한다. 다운로드된 jdk-12.0.2_osx-x64_bin.dmg를 실행한다.

터미널 앱에서 다음 키워드를 확인하면 Java의 정상 설치 여부를 확인할 수 있다.

```
> java -version
```

아래 그림과 같이 java version "1.8.0.221" 형태로 노출되는지 확인한다.

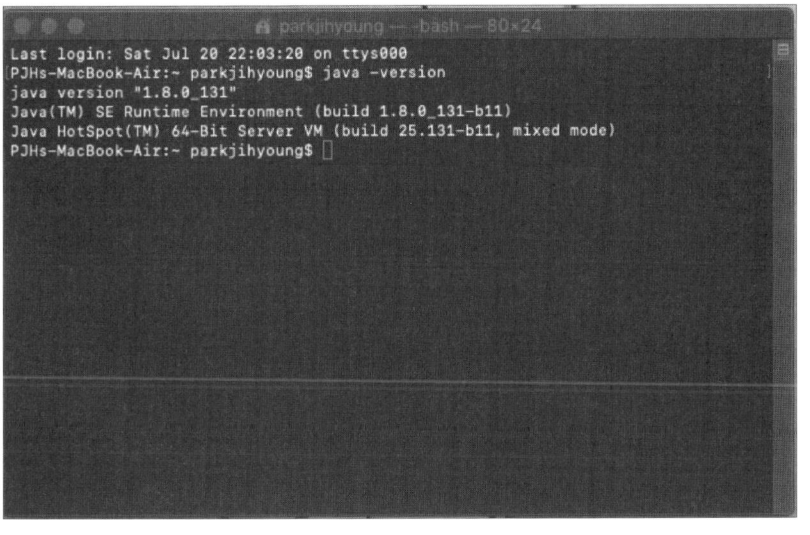


```
> javac -version
javac 12.0.2
```

4) Java 설치 확인하기

이제 메모장 또는 vi 에디터를 실행시켜 Hello World를 출력하는 프로그램을 만들어보자. Windows에서는 실행창에 다음과 같은 명령어를 실행한다.

```
> notepad.exe
```

메모장에 아래와 같이 작성한다.

```
public class HelloWorldApp {
 public static void main(String[]args){
  System.out.println("Hello World!");// Hello World를 출력
 }
}
```

저장할 때는 HelloWorldApp.java 파일로 저장한다. Mac의 경우 실행창에 다음과 같은 명령어를 실행한다.

```
> vi
----------------------- vi Editor 실행 ---------------------------
> i
------------------------------ 입력 -----------------------------
public class HelloWorldApp {
 public static void main(String[]args){
  System.out.println("Hello World!");// Hello World를 출력
 }
}
---------------------- 입력 완료 후 esc 키 -------------------------
> :wq HelloWorldApp.java
------------------------------ 저장 ------------------------------
```

이제 Hello World를 출력하는 프로그램을 만들었으니 실행 파일을 생성해보자.

```
>javac HelloWorldApp.java //실행 파일 만들기
>java HelloWorldApp
------------------------------ 결과 ----------------------------
Hello World!
```

위의 내용을 보며 처음 프로그래밍 언어를 접했던 시절을 떠올리며 코웃음을 치는 독자들도 있을 것이다. 그러나 개발언어가 처음인 분들에게 설명하자면, 지금 우리는 모든 JVM 환경에서 Hello World를 찍어내는 프로그램을 만든 것이다.

2-3 개발도구 Eclipse 설치하기

우리가 항상 메모장(notepad) 또는 vi 에디터로만 개발을 한다면, 스크립트 오류나 잘못된 부분을 확인하기 어려울 것이다. 따라서 Java 개발에 용이한 개발툴인 이클립스(Eclipse)를 사용해보도록 하자. 다운로드 페이지(https://www.eclipse.org/downloads/)로 이동해 Download 64bit 버튼을 클릭한 후 자신의 OS 환경에 맞는 다운로드 화면으로 이동하자.

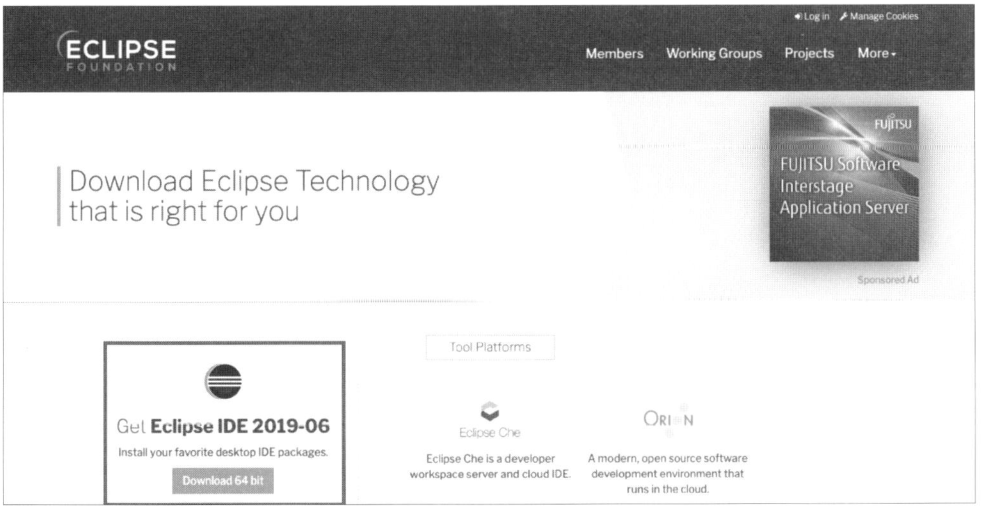

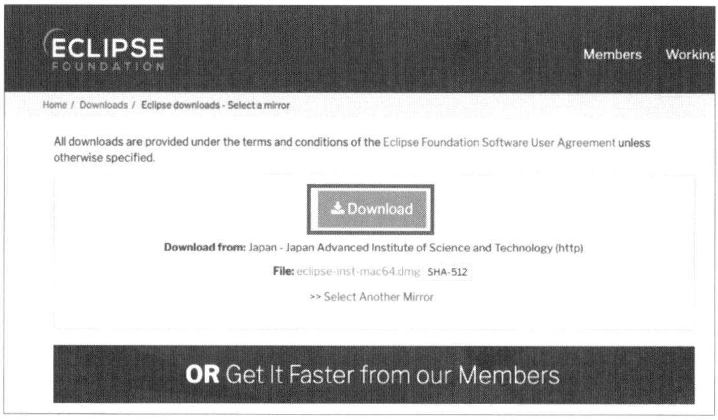

화면에 노출된 eclipse-inst-win64.exe 또는 eclipse-inst-mac64.dmg 파일 다운로드 버튼을 누른다. 'Eclipse IDE for Enterprise Java Developers'를 선택하여 설치를 진행한다.

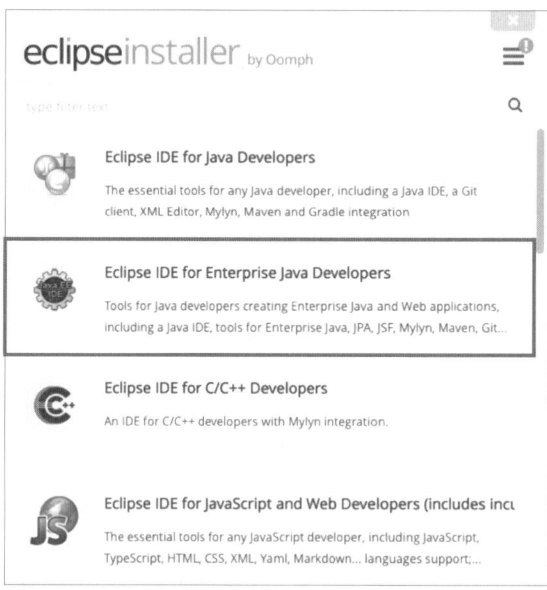

각각의 추가 개발 컴포넌트 라이선스에 대한 내용에 동의 버튼을 누른다.

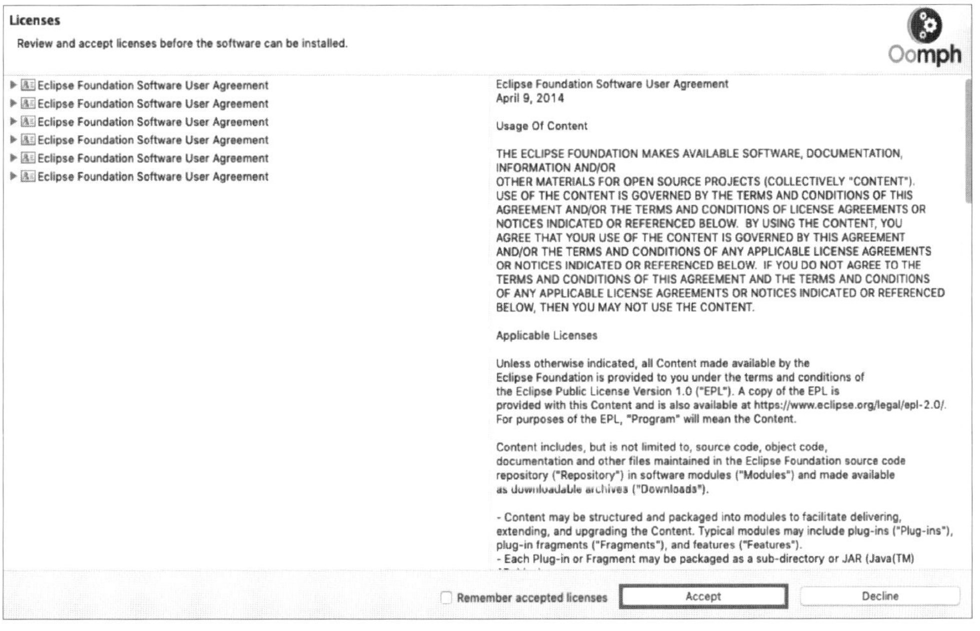

설치 진행 시 Unsigned Contents에 대한 내용이 노출되면 Accept를 눌러 진행한다. 모두 설치된 후 Launch 버튼을 눌러 Eclipse를 실행한다. 프로젝트 저장공간(workspace)을 설정한 후 실행 버튼을 누른다.

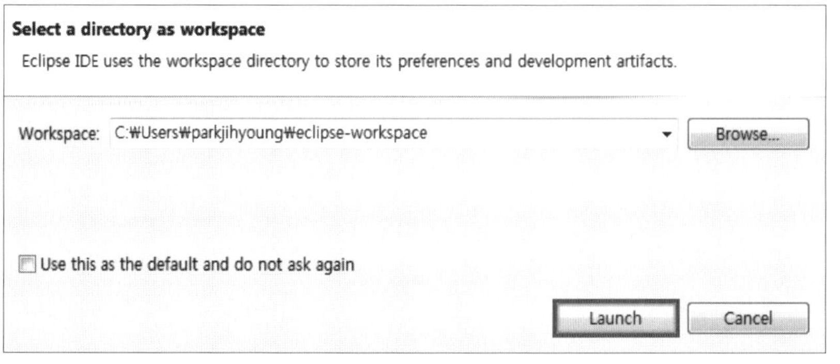

이로써 Eclipse 설치가 완료되었다. 이제 Rserve로 구축된 통계서버와 통신할 수 있는 클라이언트 프로그램을 좀 더 손쉽게 개발할 수 있는 환경을 갖추게 된 것이다.

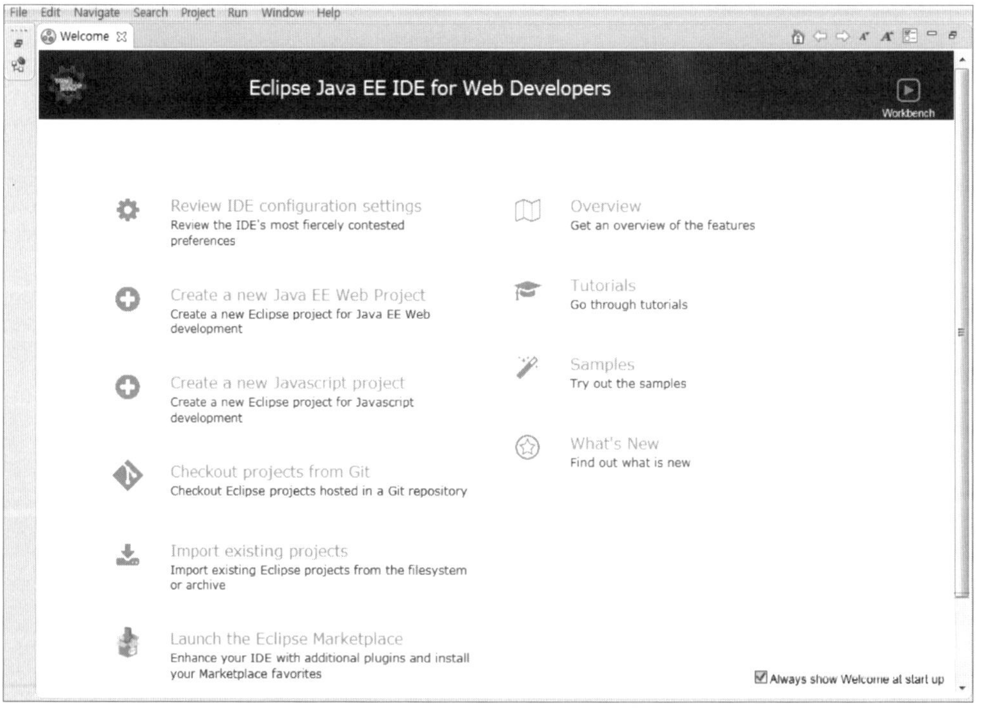

1) Eclipse 활용하기

우선 프로그램을 만들기 위해 Eclipse 상단의 File → New Project를 선택하여 새로운 프로젝트를 만들어보자. Java Project를 선택한 후 Next 버튼을 누른다.

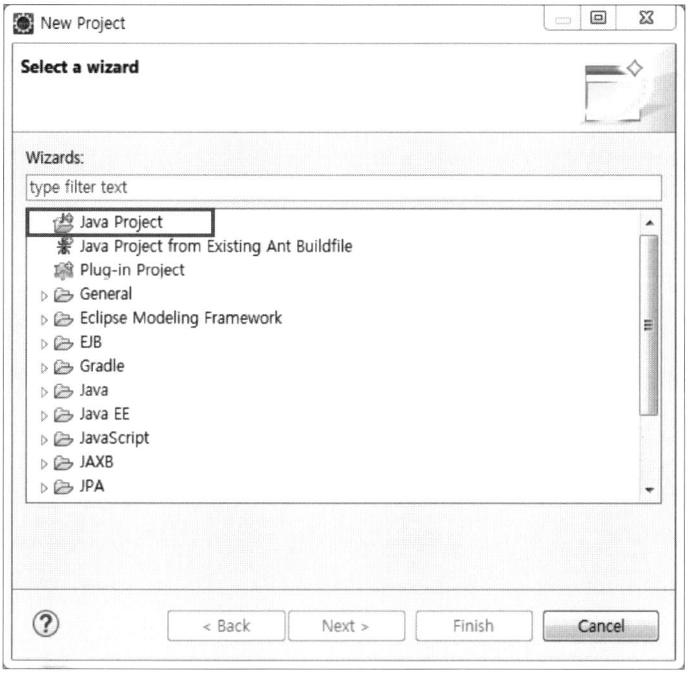

프로젝트 명은 Rserve_Client로 작성한 후 Finish 버튼을 눌러 프로젝트를 생성한다. 이후 앞에서 만든 HelloWorldApp.Java를 src로 드래그하여 복사한 후 Run 버튼 을 클릭하면 Console Tab에서 다음 화면을 확인할 수 있다.

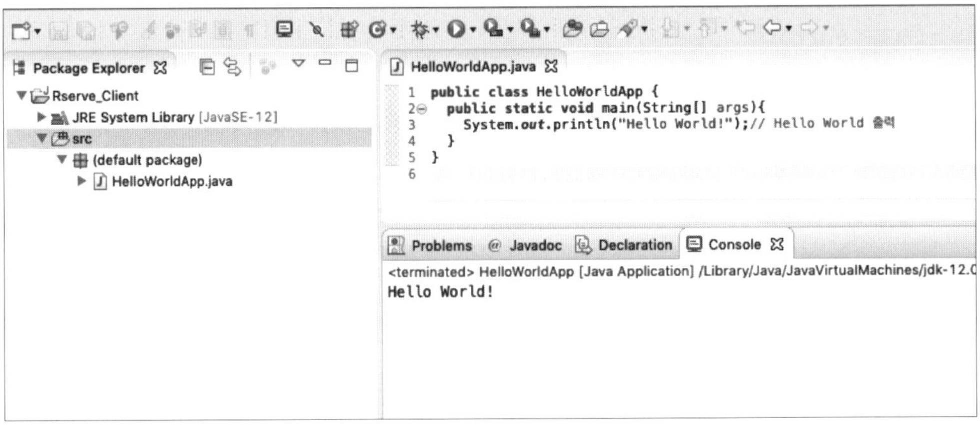

이로써 앞에서 터미널을 켜고 javac java 파일과 같은 명령어를 사용해 java 파일을 프로그램(class) 파일로 만들고, Java 키워드로 프로그램을 실행해서 결과물을 확인했던 약간은 번거로운 절차들을 이제 Run 버튼 클릭으로 확인할 수 있게 되었다. 이외에도 Eclipse는 Java 문법 체크, 디버깅(debugging) 등을 비롯해 Java 개발을 위해 필요한 부가 기능을 제공한다.

3 Java 기본 문법

Java 언어를 활용하여 클라이언트 프로그램을 개발하기 위해서는 Java에서 기본적으로 제공하는 데이터 타입과 개념에 대한 이해가 필요하다. 다음 절에서는 Java에서 사용할 수 있는 데이터 타입과 기본 문법들을 정리해보았다. 여러 번 기술하지만 각 문법들은 하나의 학문으로서 그에 대해 상세히 다룬 도서나 자료가 여럿 있다. 그러므로 본서에서는 문법을 상세히 다루기보다는 기초를 탄탄히 익히고 전체적인 관점에서 이해할 수 있도록 서술하는 데 집중하였다.

3-1 Java 기본 데이터 타입

Java에서 제공하는 대표적인 데이터 타입은 다음과 같다.

데이터 타입	size	설명
byte	1 byte	-128에서 127까지의 정수를 저장한다.
short	2 bytes	-32,768에서 32,767까지의 정수를 저장한다.
int	4 bytes	-2,147,483,648에서 2,147,483,647까지의 정수를 저장한다.
long	8 bytes	-9,223,372,036,854,775,808에서 9,223,372,036,854,775,807까지의 정수를 저장한다.
float	4 bytes	6~7자리 십진수를 저장하기 위한 충분한 소수를 저장한다
double	8 bytes	15자리 십진수를 저장하기 위한 충분한 소수를 저장한다.
boolean	1 bit	참 또는 거짓 값을 저장한다.
char	2 bytes	단일 문자 또는 ASCII 값을 저장한다.
String	-	문자열 데이터 유형은 일련의 문자(텍스트)를 저장한다. 문자열 값은 큰따옴표로 묶어야 한다.

선언 방법은 다음과 같다.

```
int myNum = 5;               // Integer (whole number)
float myFloatNum = 5.99f;    // Floating point number
char myLetter = 'D';         // Character
boolean myBool = true;       // Boolean
String myText = "Hello";     // String
```

1) Java 배열

배열(array)을 통해 기본적인 데이터 타입 여러 개를 함께 저장할 수 있다. 배열을 선언하기 위해 데이터 타입에 대괄호 [ ]를 추가한다.

```
String[] names = {"박창주", "박지형", "이용기", "오세영"};
System.out.println(names[0]);
```

선언한 배열의 각 값에 접근하기 위해 대괄호 안에 해당 순번(index) 숫자를 입력한다.

3-2 Java 기본 연산자 및 비교/논리 연산자

Java에서 제공하는 대표적인 기본 연산자와 사용 예시는 다음과 같다.

연산자	연산자 타입	설명	예시
+	덧셈	두 값을 더한다.	x + y
-	뺄셈	하나의 값에서 하나의 값을 뺀다.	x - y
*	곱셈	두 값을 곱한다.	x * y
/	나누기	하나의 값에서 하나의 값을 나눈다.	x / y
%	나머지	하나의 값에서 하나의 값을 나눈 나머지 값	x % y
++	증가	변수값을 1씩 증가시킨다.	++x
--	감소	변수값을 1씩 감소시킨다.	--x

Java에서 제공하는 대표적인 비교 연산자는 다음과 같다.

연산자	설명	예시
==	같다.	x == y
!=	같지 않다.	x != y
〉	크다.	x 〉 y
〈	작다.	x 〈 y
〉=	같거나 크다.	x 〉= y
〈=	작거나 같다.	x 〈= y

Java에서 제공하는 대표적인 논리 연산자는 다음과 같다.

<table>
<tr><th>연산자</th><th>연산자 타입</th><th>설명</th><th>예시</th></tr>
<tr><td>&&</td><td>AND</td><td>두 조건이 참이라면, 참값을 리턴한다.</td><td>x 〈 5 && x 〈 10</td></tr>
<tr><td>||</td><td>OR</td><td>두 조건 중 하나라도 참이라면, 참값을 리턴한다.</td><td>x 〈 5 || x 〈 4</td></tr>
<tr><td>!</td><td>NOT</td><td>결과의 반대값을 리턴한다. 만약 결과가 참이라면, 거짓을 리턴한다.</td><td>!(x 〈 5 && x 〈 10)</td></tr>
</table>

1) Java 조건문 (IF … ELSE)

위에서 익힌 비교/논리 연산자로 얻은 결과값을 이용해 논리적 분기를 활용하여 지정된 조건이 '참(True)'값일 경우에만 실행할 코드블록을 지정하려면 IF문을 활용한다.

```
if (condition) { // 조건이 '참(True)'일 경우에만 코드블록 실행}
------------------------------------------------------------
 int x = 5;
int y = 3;
if (x > y) {
 System.out.println("x는 y보다 크다.");
}
------------------------------------------------------------
> x는 y보다 크다.
```

IF문의 경우 ELSE IF문으로 반복하여 조건을 추가할 수 있다. ELSE문은 IF/ELSE IF 외의 모든 경우를 포함한다.

```
if (condition1) {
  // 조건1이 '참(True)'일 경우에만 코드 블록 실행
} else if (condition2) {
  // 조건1이 '거짓(false)'이고 조건2는 '참(True)'일 경우에만 코드 블록 실행
} else {
  // 조건1과 조건2 모두 '거짓(false)'일 경우 코드 블록 실행
}
-----------------------------------------------------------
int time = 19;
if(time>6&&time<10)
{
System.out.println("좋은 아침입니다.");
}
else if(time < 20)
{
  System.out.println("좋은 하루입니다.");
 }
else
{
System.out.println("좋은 밤입니다.");
}
-----------------------------------------------------------
> 좋은 하루입니다.
```

약식(Short Hand) If … Else문, Switch문 등의 조건문이 있으므로 본인의 스킬을 좀 더 업그레이드하고자 한다면, Java 조건문을 상세히 다룬 도서로 학습해보길 권한다.

2) Java 반복문 (FOR)

프로그램 개발에 가장 많이 활용되는 것이 반복문이라 해도 과언이 아니다. 반복문을 사용할 때도 조건문이 부분적으로 활용되기 때문에 함께 학습해보자. 코드블록의 반복 횟

수를 정확히 알고 있는 경우 활용한다.

```
for(조건1;조건2;조건3)
  // 조건1은 반복문 코드블럭이 실행되기 전 한번 실행된다.
  // 조건2는 반복문의 실행 조건을 정의한다.
  // 조건3은 조건2가 충족될 때까지 코드블록 실행된 후 실행된다.
}
----------------------------------------
for (int i = 0; i < 5; i++) {
 System.out.println(i);
}
------------------------------------------------------------
> 0 1 2 3 4
```

위의 예제를 설명하면 다음과 같다. 조건1(int i = 0 : i는 0이다.)을 반복문이 실행되기 전에 선언한다. 정의된 조건2(i < 5 : i는 5보다 작다.)가 참일 경우 코드블록을 실행하고, 거짓일 경우에는 코드블록을 실행하지 않고 반복문을 종료한다. 조건3(i++ : i를 1 증가시킨다.)은 코드블록이 실행된 후 실행한다.

3-3 Java 함수(Function/Method)

Java는 함수를 사용하여 코드를 재사용할 수 있다. 즉, 한 번 정의하고 여러 번 사용하기 위해 호출될 때만 실행되는 코드블록을 생성한다.

다음의 예제 코드로 함수 만드는 법을 확인해보자. 앞서 생성한 java 파일의 Hello WorldApp class에 다음과 같은 함수를 추가해보자.

```
public class HelloWorldApp {
 static void myMethod() {
   System.out.println("함수를 실행하였습니다!");
 }
}
```

여기서 myMethod()는 함수 이름이다. static은 함수가 MyClass 클래스의 객체가 아니라 MyClass 클래스에 속함을 의미하는데, 뒷부분에서 객체와 객체를 통해 함수에 액세스하는 방법에 대해 자세히 학습하도록 하자. void는 함수에 리턴값이 없음을 의미한다. 뒷부분에서 함수의 리턴 종류에 대해 더 배우도록 하자.

이제 함수를 호출해보자.

```
public class HelloWorldApp {
 static void myMethod() {
  System.out.println("함수를 실행하였습니다!");
 }
 public static void main(String[] args) {
  System.out.println("Hello World!");// Hello World 를 출력
  myMethod();
  myMethod();
 }
}
-----------------------------------------------------------
Hello World!
함수를 실행하였습니다!
함수를 실행하였습니다!
```

이렇게 함수를 사용함으로써 코드를 재사용할 수 있다. 더불어 함수를 호출할 때 매개변수(parameter) 데이터를 함수에 전달해서 활용도를 높일 수 있다.

```
public class HelloWorldApp {
 static void myMethod(String fname) {
  System.out.println(fname + "를 호출하였습니다.");
 }
 public static void main(String[] args) {
  System.out.println("Hello World!");// Hello World 를 출력
  myMethod("박창주");
  myMethod("이용기");
 }
}
```

```
------------------------------------------------------------
Hello World!
박창주를 호출하였습니다!
이용기를 호출하였습니다!
```

리턴값이 없는 void 함수 외에 리턴 종류에 따라 다양화해보자. HelloWorldApp class에 다음과 같이 더하기를 하는 함수를 만들어 추가해본다.

```
public class HelloWorldApp {
 static int DoSum(int x, int y) {
   return x+y;
 }
public static void main(String[] args) {
   //System.out.println("Hello World!");// Hello World 를 출력
   //myMethod("박창주");
   //myMethod("이용기");
    int sumValue = DoSum(5, 3);
    System.out.println(sumValue);
 }
}
------------------------------------------------------------
8
```

위의 코드 형태로 된 리턴값과 기본 문법들은 Java가 지원하는 일부분이다. 이러한 코드를 기반으로 독자들이 R과 서버 통신할 코드를 읽고 어떤 의미인지 알 수 있기를 바란다.

3-4 Java 클래스

지금까지 살펴본 코드로도 프로그램을 충분히 짤 수 있지만, 클래스(class)라는 개념에 대해 좀 더 알아보도록 하자. Java는 객체지향언어로 알려져 있다. 객체지향언어는 앞에서 배운 기본 문법과 함수들을 함께 관리할 수 있다는 것이다. 예를 들어, 실제 생활에서 자동차는 물체이다. 차에는 기본적인 무게와 색상과 같은 특성과 주행 및 브레이크와 같은 속성들이 있다. 이러한 내용들을 코드로 표현하면 다음과 같다.

우선 Car라는 클래스를 새롭게 생성하고 다음과 같은 코드를 작성해보자.

```
public class Car {
        String Color = "White";
        int Weight = 120;
        int Length = 200;
        int carSpeed = 0;

        public void Accelarature(int speed) {
                carSpeed = carSpeed + speed;
        }

        public void Break(int speed) {
                carSpeed = carSpeed - speed;
        }

        public void SetColor(String color) {
                Color = color;
        }

        public static void main(String[] args) {

                Car myCar1 = new Car();
                Car myCar2 = new Car();

                myCar1.Accelarature(10);
                myCar2.SetColor("Black");
                myCar2.Accelarature(20);
```

```
                System.out.println(myCar1.Color + "색 차량의 속도는 " + myCar1.
carSpeed + "이다.");
                System.out.println(myCar2.Color + "색 차량의 속도는 " + myCar2.
carSpeed + "이다.");
        }
}

------------------------------------------------------------
White색 차량의 속도는 100이다.
Black색 차량의 속도는 200이다.
```

class 키워드를 사용하여 맞춤형 Car 클래스를 만든다. Car 클래스에서 Accelarature(), Break(), SetColor() 함수를 만든다. Accelarature()와 Break()는 speed라는 int형 매개변수를 받아들이고, SetColor()는 color라는 String 문자열을 받아들인다. Car 클래스와 그 함수를 사용하려면 Car 클래스의 객체를 만들어 사용한다.

new 키워드를 사용하여 이름이 myCar1, myCar2인 Car 객체를 만들고, 객체 이름(myCar), 점(.), 함수 이름 형태로 작성한다. Accelarature() 함수 안에 10 또는 20 등의 int 매개변수를 추가하고, SetColor() 함수 안에 Black 등의 string 매개변수를 추가한다. 그런 다음 myCar 객체에 대하여 속성을 객체 이름(myCar), 점(.), 속성 이름 형태로 접근하여 출력한다.

이렇게 생성된 Car라는 클래스 객체는 다른 프로그램이나 클래스에서 임포트(import) 형태로 접근해 사용할 수 있다. 이러한 형태의 객체지향 프로그램은 우리가 챕터에서 만들어볼 R과 통신하는 프로그램을 만드는 데 굉장히 빠른 프로그램을 만들 수 있도록 도와준다. 클래스 형태로 작성되고 공유되어 있는 오픈소스 클래스들을 다운로드받고 임포트함으로써 우리가 직접 R과 통신하는 코드를 짜지 않아도 통신 클라이언트 프로그램을 만들 수 있다.

4 Java-R 통신 클라이언트 프로그램

4-1 통신 라이브러리를 활용한 클라이언트 개발하기

통신 클라이언트를 구축하기 위해 서로 통신하기 위한 약속(프로토콜)을 해야 한다. 약속을 하는 이유를 간략히 설명하자면, 통계서버는 C언어 또는 R스크립트로 돌고 있다면 클라이언트는 Java 언어로 돌고 있기 때문이다. 즉 서로 다른 언어로 이야기하고 있으므로 그 간극을 채워줄 단어사전과 방법이 필요한 것이다. 하지만 우리가 직접 이런 단어사전을 만들 필요는 없다. 기존에 만들어져 있는 사전을 이용하면 된다. 여기서의 사전은 앞에서 함께 만들어본 클래스의 뭉치라고 보면 된다. 이미 만들어져 있는 사전은 Rserve 패키지를 제공하는 rforge에서 다운로드받을 수 있다. 다음 페이지(https://www.rforge.net/Rserve/files)로 이동해 REngine, RserveEngine 두 jar 파일을 다운로드한다.

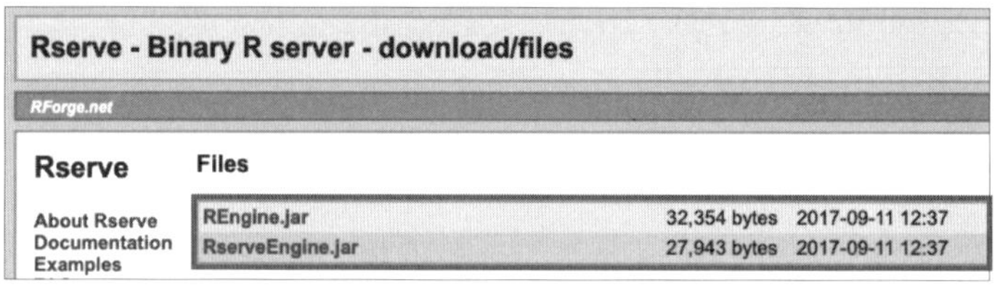

다운로드된 파일을 이제 프로젝트에 추가해보자. 좌측 프로젝트 리스트의 Rserve_Client 프로젝트를 선택한 후 우클릭하여 Properties를 확인한다. 좌측의 Java Build Path를 선택한 후 Libraries를 선택하고, Classpath에 Add External JARs를 선택한 후 다운로드한 REngine.jar, RserveEngine.jar 두 파일을 추가해준다.

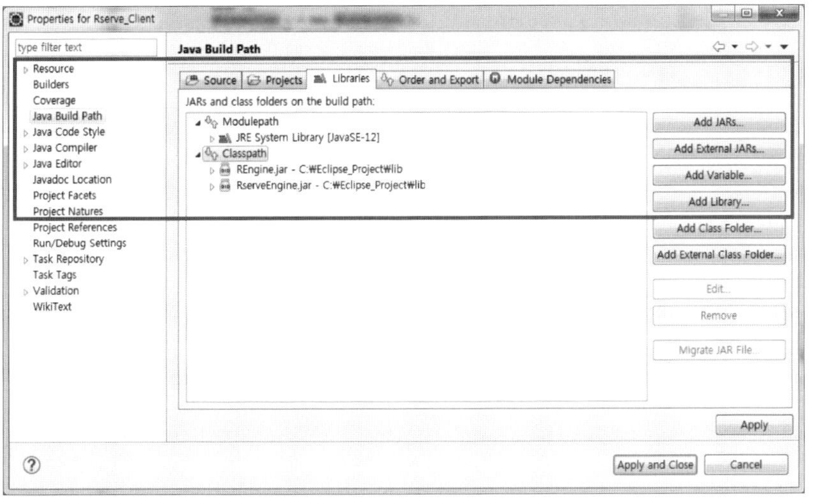

이제 R과 통신할 수 있는 클라이언트 프로그램을 작성해보자. 프로젝트를 선택하고 New → Class를 선택한다. 클래스명과 패키지명을 작성하고 public static void main(String[] args)을 선택한 후 Finish 버튼을 눌러 생성한다.

추가한 REngine.jar와 RserveEngine.jar를 활용하는 코드를 다음과 같이 작성한다.

```
package RClient;
import org.rosuda.REngine.REXP;
import org.rosuda.REngine.Rserve.RConnection;

public class RClient {
        public static void main(String[] args) {
                try {
                        // 통신 객체 등록
                        REXP x;
                        // R 통신 Connection 모듈 생성
                        RConnection c = new RConnection();
                        // 명령어 입력 후 통신 리턴값 객체 저장
                        x = c.eval("R.version.string");
                        // 통신 리턴값 프린트
                        System.out.println(x.asString());
                } catch (Exception e) {
                        e.printStackTrace();
                }
        }
}
```

org.rosuda.REngine.Rserve.RserveException: Cannot connect: Connection refused (Connection refused)와 같은 에러가 난다면 현재 Rserve가 구동되지 않은 상태인 것이다. 이런 경우 3장(5-1절, p.91)의 내용을 참고하여 Rserve를 실행시킨 후 다시 시도해보자.

프로그램을 작성할 때 Eclipse의 Window OS에서는 Ctrl+Space를 눌러 자동완성 기능을 설정할 수 있고, Mac OS에서는 Eclipse → 환경설정 → General → Keys에서 자동완성 기능을 설정할 수 있다. 이러한 설정을 통해 프로그램 개발을 좀 더 빠르게 진행할 수 있으니 참고하도록 하자.

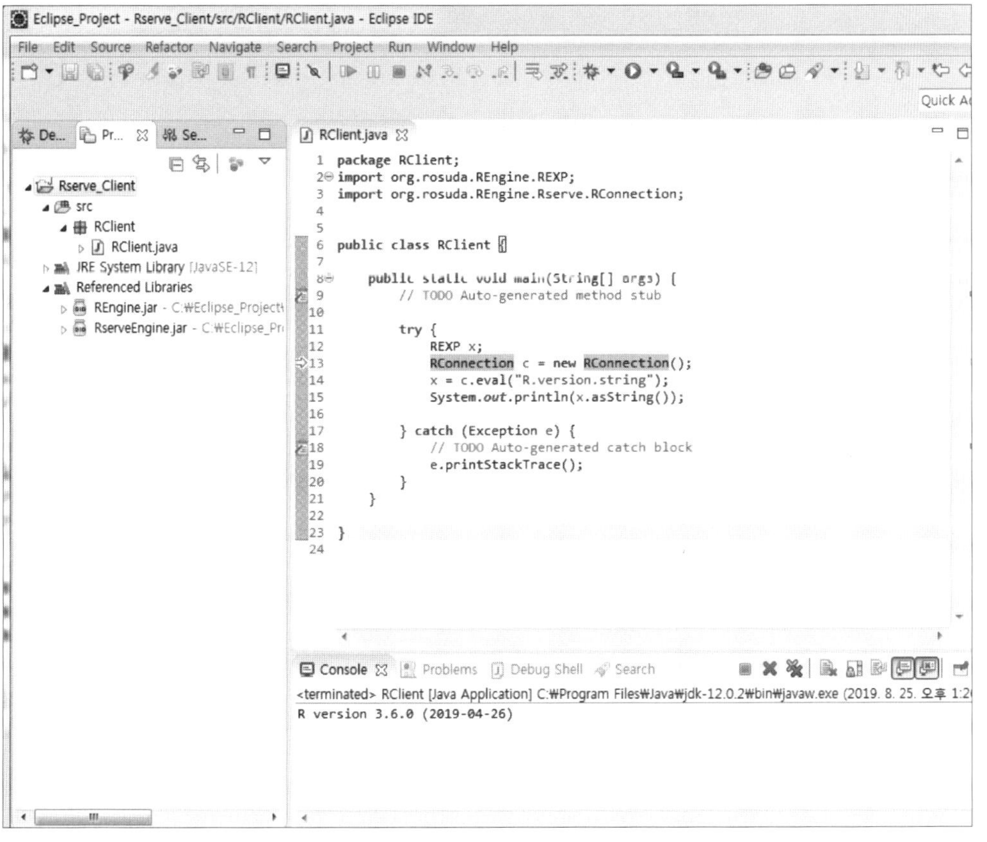

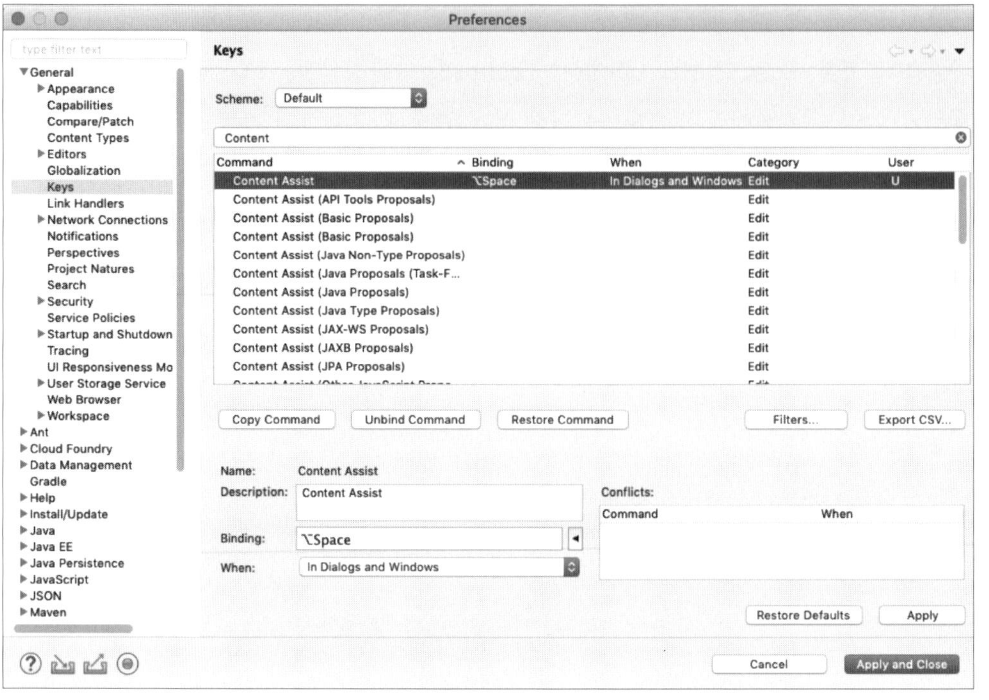

이제 우리는 원격의 통계서버로 질의를 보내고 결과값을 리턴받는 클라이언트 프로그램을 개발할 수 있게 되었다. 만약 웹 서버가 통신 클라이언트를 기반으로 사용자에게 제공하고자 한다면, RConnection 객체를 활용하여 JAVA GUI 프로그램(Swing, AWT 등) 개발을 진행하여 배포하면 된다.

1. HelloWorldApp을 실행했을 때 "안녕하세요 ! 아무개 님 반갑습니다."를 출력하는 함수 returnHello를 만들어보자.

```
public class HelloWorldApp
{
    public static void main(String[] args)
    {
        System.out.println(returnHello("박지형"));
    }
}
```

2. for 반복문을 활용하여 구구단함수 MultiplicationTable()을 구현해보자.

```
public class HelloWorldApp
{
    public static void main(String[] args)
    {
         MultiplicationTable();
      }
}
```

3. 앞에서 구현한 RClient 프로그램을 활용하여 1부터 10까지의 평균값을 R로부터 리턴 받는 프로그램을 구현해보자.

- R명령어 : mean(1:10)

```
public class RClient
{
    public static void main(String[] args)
    {
          try{
        REXP x;
        RConnection c = new RConnection();
        x = c.eval("____");
        System.out.println(x.asString());
         }
      } catch (Exception e) {
        e.printStackTrace();
      }
        }
}
```

5장
웹 서버

1 웹 서버란?
2 WAS 개발
3 웹 페이지 기본
4 통계 웹 사이트 구현

1 웹 서버란?

웹 서버(web server)는 하드웨어나 소프트웨어, 또는 두 가지 모두를 의미할 수 있다.[1] 하드웨어 측면에서 보면 웹 서버는 W3C[2]에서 표준화한 HTML을 기반으로 하는 컴포넌트 파일[HTML 문서, 이미지 파일, 디자인 형식(CSS), JavaScript]들을 웹 문서로 저장하는 컴퓨터이다. 소프트웨어적 서버라고 볼 수 있는 Web Application Server(WAS)는 사용자의 디바이스(브라우저)가 웹 문서들을 WAS에 요청하면 응답한다. 웹 서버는 인터넷에 연결되어 있고, mozilla.org와 같은 도메인명으로 접속할 수 있다. 소프트웨어 측면에서 보면 웹 서버는 기본적으로 웹 사용자가 어떻게 호스트 파일들에 접근하는지 관리한다.

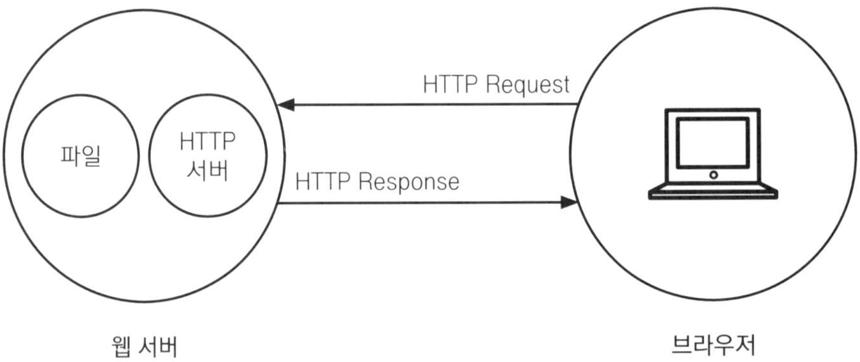

가장 기본적인 단계에서 브라우저가 웹 서버에 요청할 파일을 필요로 할 때, 브라우저는 HTTP를 통해 파일을 요청한다. 요청이 웹 서버(하드웨어)에 도달하였을 때 HTTP 서버(소프트웨어)는 요청된 HTML 문서를 HTTP를 이용해 응답한다.

---

1 https://developer.mozilla.org/ko/docs/Learn/Common_questions/What_is_a_web_server

2 W3C(World Wide Web Consortium)란 월드 와이드 웹(WWW, W3)을 위한 표준을 개발하고 장려하는 조직으로, 영국의 컴퓨터 과학자인 팀 버너스-리(Tim Berners-Lee)를 중심으로 1994년 10월에 설립되었다. (https://ko.wikipedia.org/wiki/W3C)

우리는 R과 통신하는 웹 사이트를 공개하고 분석 내용을 공유하기 위해서 동적 웹 서버를 구축해야 한다. 동적 웹 서버는 웹 서버와 추가적인 소프트웨어(일반적인 애플리케이션 서버와 데이터베이스)로 구성되어 있다. 애플리케이션 서버가 HTTP 서버를 통해 브라우저에 HTML 파일들을 전송하기 전에 애플리케이션 서버가 항상 같은 HTML을 응답하는 것이 아니라, 요청에 의한 연산이나 업데이트를 통해 변경된 결과를 응답하기 때문에 이를 '동적'이라고 부른다.

1-1 웹 서버 구성

앞에서 데이터베이스, R, Java 언어를 활용해 순차적으로 연결한 애플리케이션을 만들어 보았다. 이제 애플리케이션을 웹 서버에서 통신할 수 있도록 구성하는 기술을 살펴볼 차례다. 웹 서버 구성에 필요한 프로그램인 WAS 중 하나인 톰캣(Tomcat)을 설치해보자.

Tomcat을 설치하기 전에 라이선스는 Apache License 2.0을 따른다. 아파치 라이선스는 아파치 웹 서버를 배포하기 위해 만들어진 라이선스이다. 아파치 재단이나 재단의 프로젝트로 만들어진 모든 소프트웨어는 현재 Apache License 2.0에 의해 배포되고 있다.

Apache License 2.0에 대하여 오픈소스 SW 라이선스 종합정보시스템에 정리된 내용은 다음 표와 같다.[3] 통계 시스템, 웹 시스템 구축 시 참고하도록 하자.

3 [표 5-1]은 오픈소스SW 라이선스 종합정보시스템 홈페이지(https://www.olis.or.kr/license/Detailselect.do?lId=1002)에 게재된 내용을 재작성한 것이다.

[표 5-1] Apache License 2.0 주요 내용

복제, 배포, 수정의 권한 허용	가능
배포 시 라이선스 사본 첨부	가능
저작권 고지사항 또는 저작자 표시(attribution) 고지사항 유지	가능
배포 시 소스코드 제공 의무(reciprocity)와 범위	명시되어 있지 않음
조합저작물(lager work) 작성 및 타 라이선스 배포 허용	가능
수정 시 내용 고지	명시되어 있지 않음
명시적 특허 라이선스의 허용	가능
사용권자(라이선시)가 특허소송 제기 시 라이선스 종료	명시되어 있지 않음
이름, 상표, 상호에 대한 사용 제한	가능
보증의 부인	가능
책임의 제한	가능

1-2 Tomcat 설치

Tomcat을 설치하기 위해 아파치 웹 사이트(http://tomcat.apache.org/)에 접속한 후 최신 버전을 다운로드받는다. 본서는 Tomcat 9.0.26 버전으로 진행하였다.

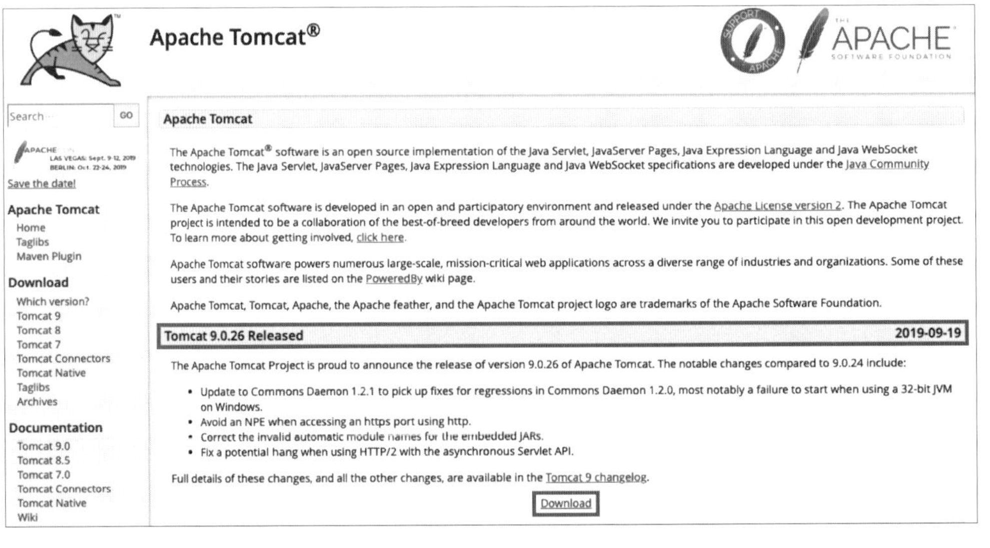

메인 화면의 다운로드 버튼을 누르면 아래와 같은 페이지로 이동한다. 버전정보, Binary Distributions의 Core 부분을 확인하여 자신이 사용하는 OS에 맞춰 다운로드를 진행해보자.

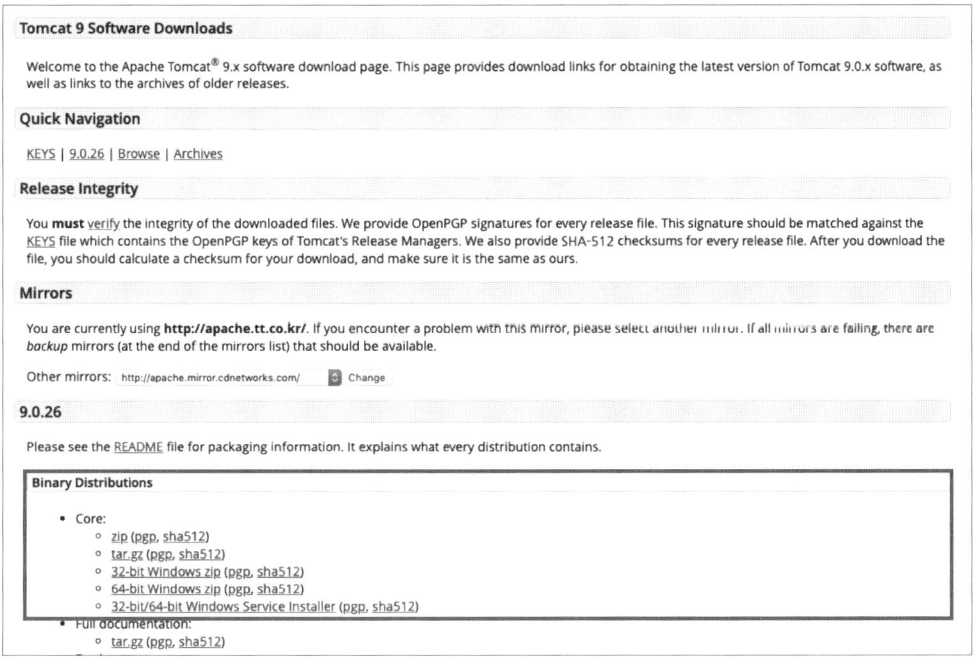

1) Windows OS Tomcat 설치

① Windows 사용자의 경우 32-bit/64-bit Windows Service Installer를 선택하여 다운로드 후 설치를 진행한다. Welcome 화면이 노출되면 Next 버튼을 눌러 다음 화면으로 넘어간다. Apache 2.0 License에 5.1.1에서 간략히 정리한 내용을 확인한 후 I Agree 버튼을 눌러 다음 화면으로 넘어간다.

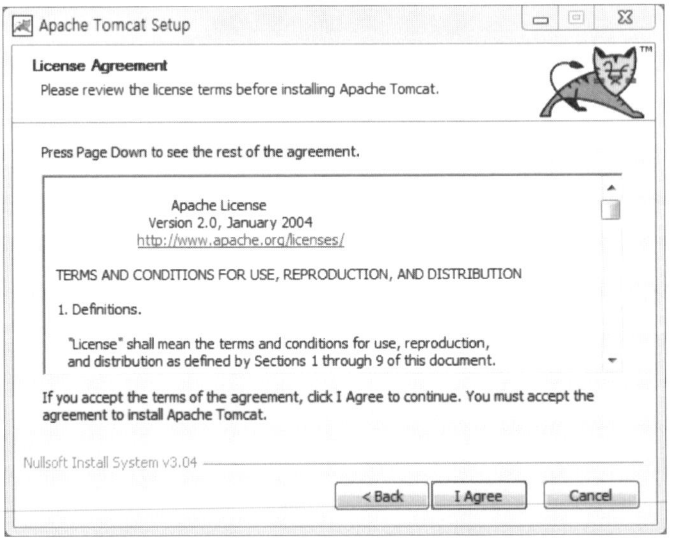

② Choose Components는 Tomcat, Document를 선택하여 Next 버튼을 눌러 다음 화면으로 이동한다. Configuration 화면 Port는 8080이 고정이므로 만약 다른 시스템에서 사용 중일 경우 수정하여 진행한다. User Name, Password 입력은 톰캣 설치 폴더(C:\Program Files (x86)\Apache Software Foundation\Tomcat 9.0)의 conf 폴더의 tomcat-users.xml 파일에서 추가 또는 수정할 수 있다.

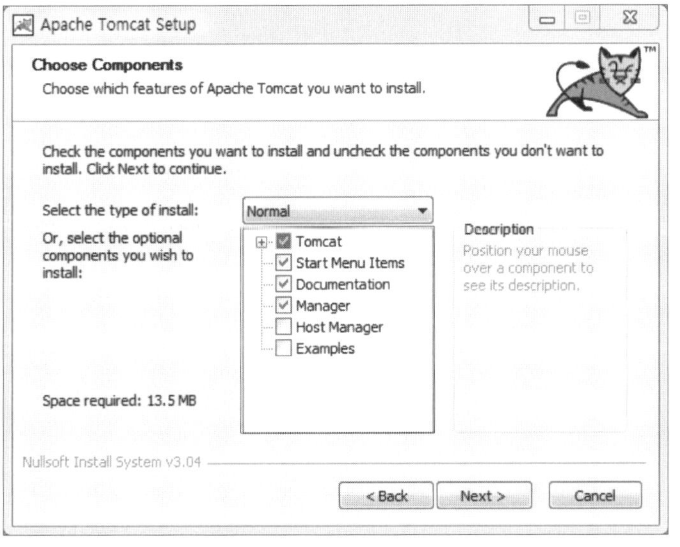

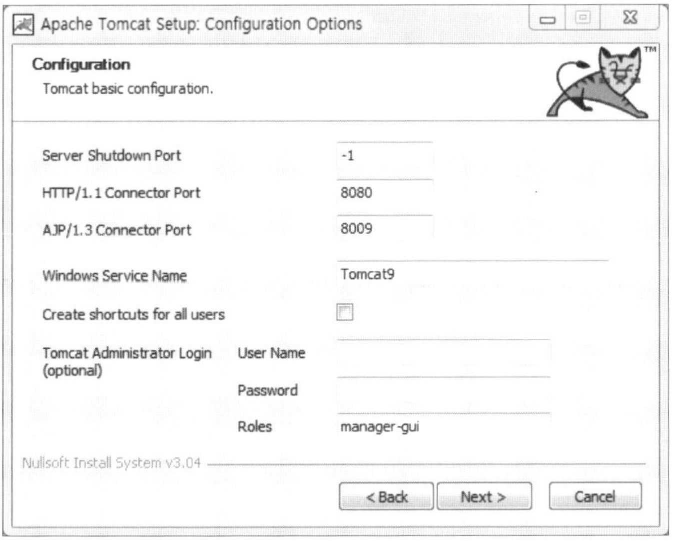

③ Java Virtual Machine 화면에서는 4장(2-2절, p. 103)에서 설치한 Java 환경을 설정한 후 Next 버튼을 클릭하자. Choose Install Location에서 Tomcat을 설치할 폴더를 선택한 후 Install 버튼을 클릭하여 설치를 진행한다.

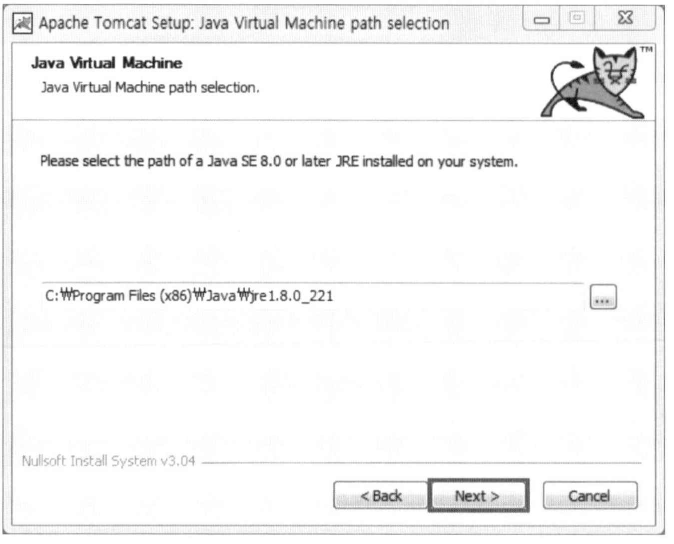

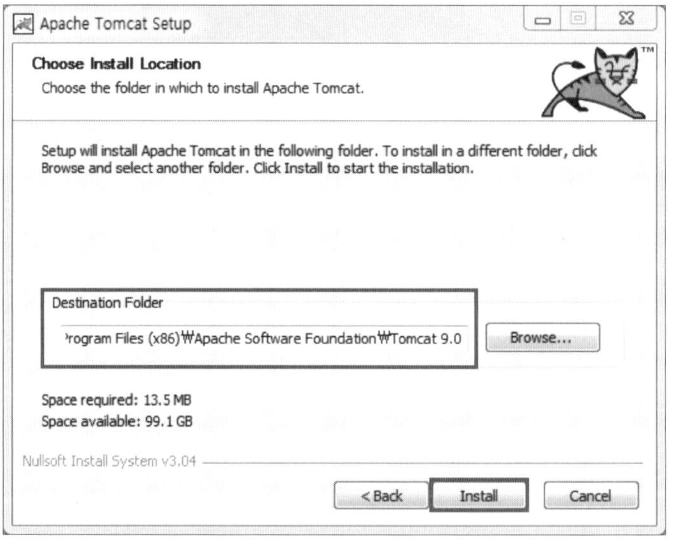

④ Tomcat이 제대로 설치되었는지 GUI를 활용해 실행 여부를 확인하는 방법은 다음과 같다. Windows 찾기에서 Tomcat Configuration을 찾아 실행 여부를 확인한다. Start 버튼이 활성화되어 있을 경우 클릭해 Tomcat을 실행한다. Stop 버튼을 누르면 실행이 멈추게 된다.

⑤ Windows 명령 프롬프트를 활용해 실행 여부를 확인할 때는 Install Location으로 이동해 다음의 명령어를 실행한다.

```
> cd Tomcat 설치 피일
> cd bin
> catalina.bat start
```

⑥ 윈도우 익스플로러 또는 크롬 브라우저를 활용하여 http://localhost:8080/에 접속하여 다음 화면이 노출되는지 확인한다.

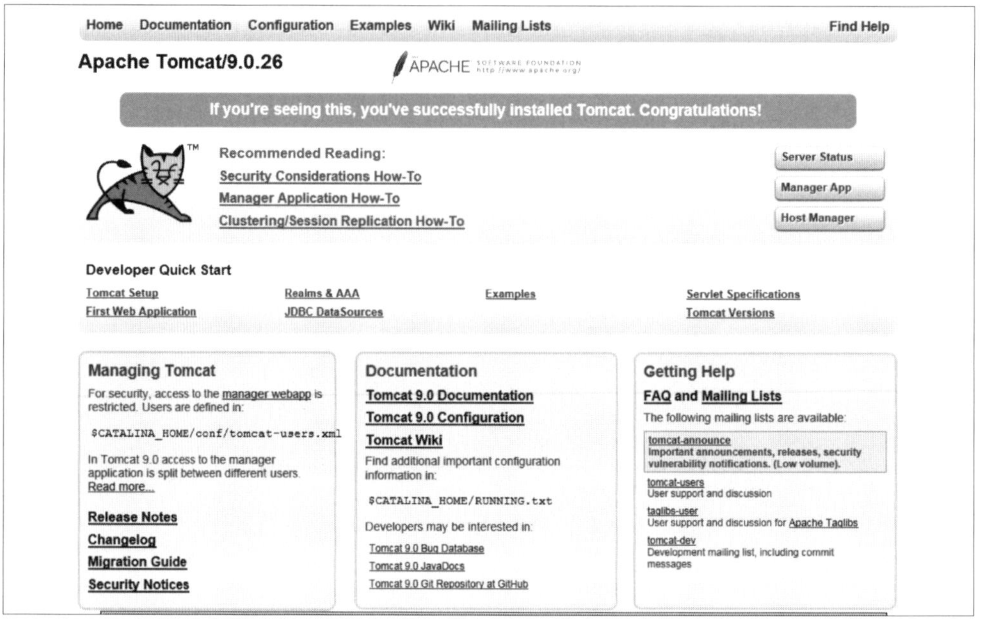

2) Mac OS Tomcat 설치

① Mac 사용자는 Core의 tar.gz 파일을 선택하여 다운로드를 진행한다. 다운로드한 파일을 압축해제한 후 Tomcat을 설치할 폴더로 이동시킨다.

```
> cd 다운로드 폴더
> tar -zxvf apache-tomcat-9.0.26.tar.gz
> mv apache-tomcat-9.0.26 ../Documents/
```

② Mac GUI를 이용하여 진행해도 되고 Terminal을 이용하여 진행해도 된다.

```
> cd ../Documents/apache-tomcat-9.0.26/
> ls
---------------------------- 압축 해제 파일 노출 --------------------
```

Mac Terminal을 이용하여 실행하는 방법은 다음과 같다.

```
> cd 톰캣 설치 파일
> cd bin
> ./catalina.sh start
---------------------- 톰캣 실행 스크립트 ------------------
Tomcat started.
```

③ 사파리(Safari) 또는 크롬(Chrome) 브라우저를 활용해 http://localhost:8080/에 접속하여 다음과 같은 화면이 노출되는지 확인한다.

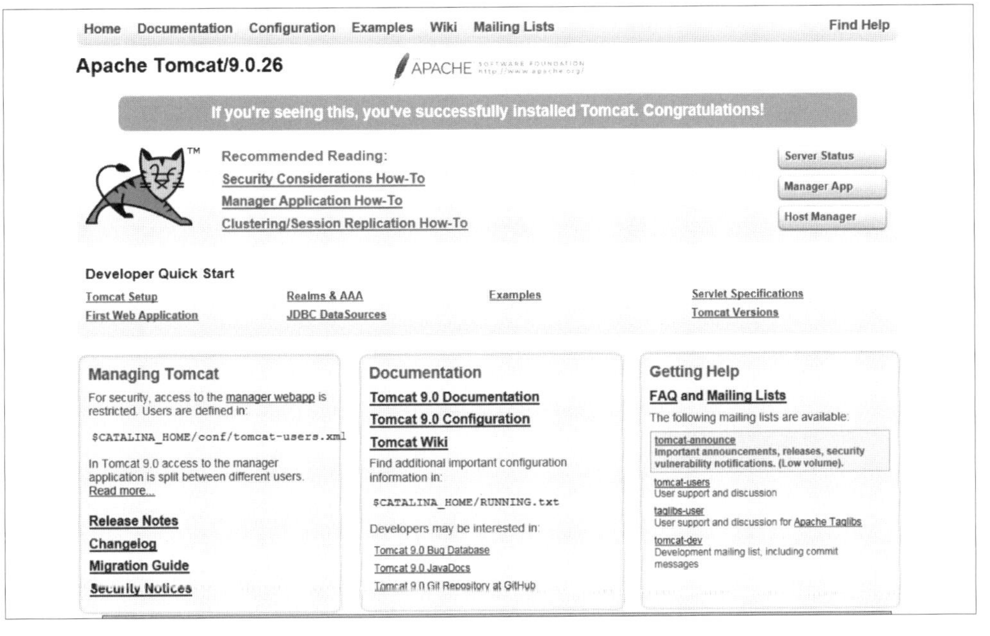

이로써 Tomcat이라는 WAS를 실행하여 localhost:8080 또는 127.0.0.1:8080을 통해 웹 애플리케이션 서비스를 공유할 수 있게 되었다.

2 WAS 개발

2-1 Eclipse를 활용한 Tomcat 설정

① Tomcat을 설치했으니 이제 웹 애플리케이션을 개발할 수 있는 환경을 구성해보자. 우선 4장(2-3절, p. 111)에서 설치한 Java 개발툴인 Eclipse를 실행한 후 File → New → Project를 선택하여 새로운 프로젝트를 진행한다. 다음과 같이 프로젝트 유형을 Web → Dynamic Web Project로 선택한 후 Next 버튼을 누른다.

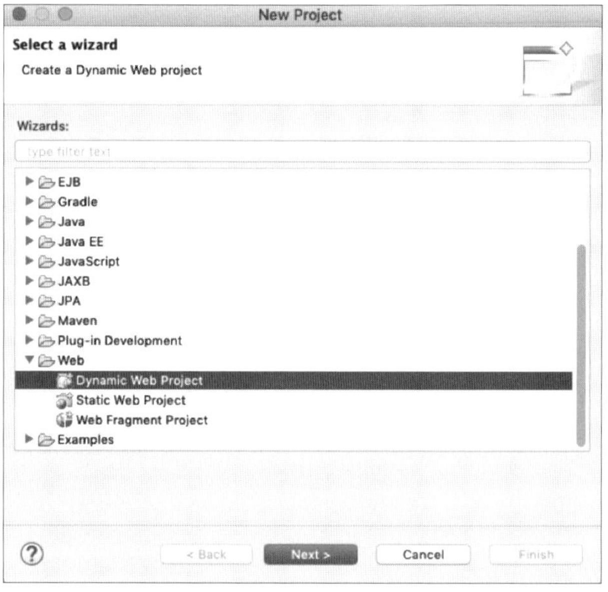

② 다음과 같은 프로젝트 설정 화면이 나오면 Project명을 작성하고, Target runtime의 New Runtime...을 선택한다. Apache → Apache Tomcat 9.0을 선택한다.

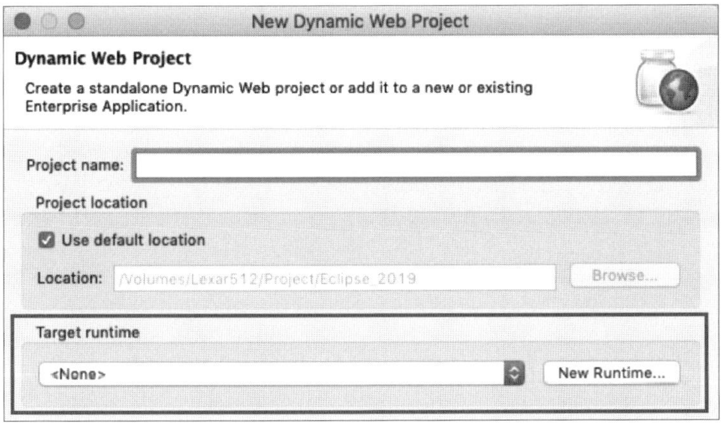

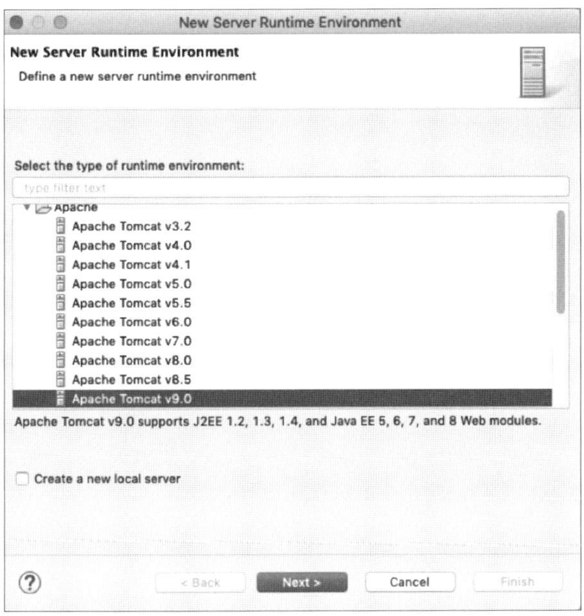

③ Server Runtime Enviroment의 Installation Directory에서 Browse... 버튼을 눌러 Tomcat 서버를 설치한 폴더 경로로 이동한 후 Finish 버튼을 눌러 설정을 완료한다. 기억이 잘 나지 않을 때는 앞부분(1-2절, p. 138)을 참고하자.

2-2 Tomcat을 활용한 웹 사이트 만들기

① 앞 절에서 완료한 설정으로 신규 프로젝트를 설정한다. File → New Project를 선택하여 다음과 같이 입력한 후 Finish 버튼을 눌러 프로젝트를 생성한다.

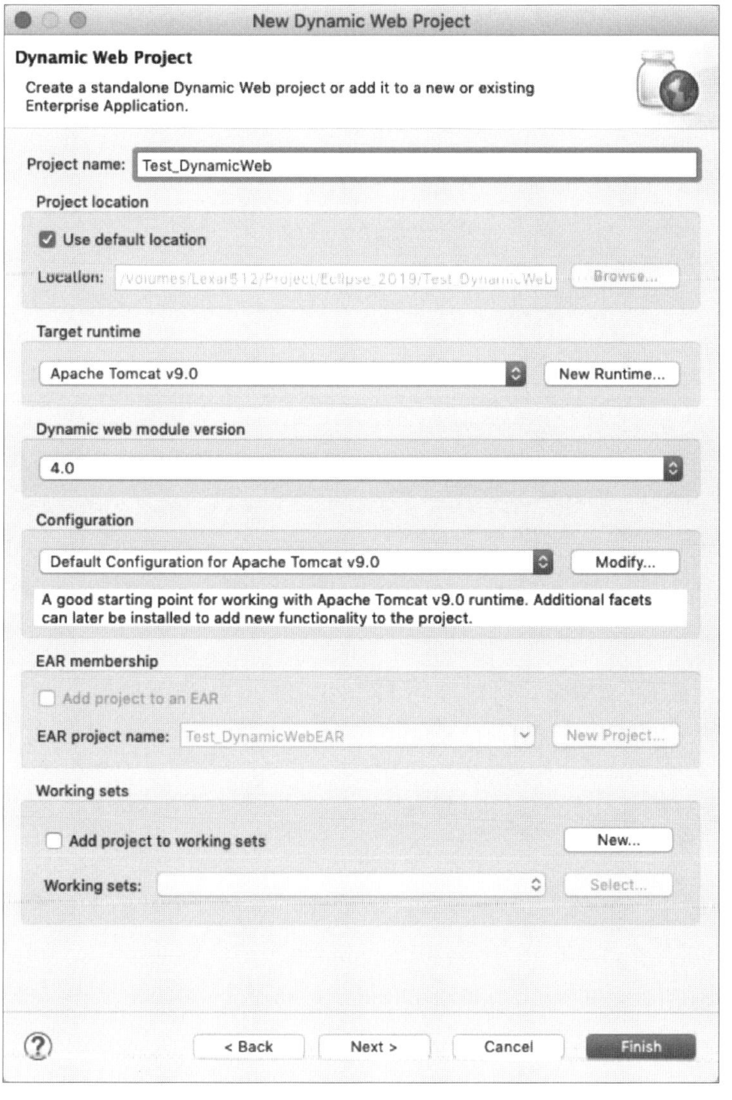

② 생성된 Dynamic Web 프로젝트에 이제 Hello World를 띄워보자. 프로젝트 리스트 중에서 WebCotent 파일을 선택한 후 하위에 index.jsp 파일을 생성한다.

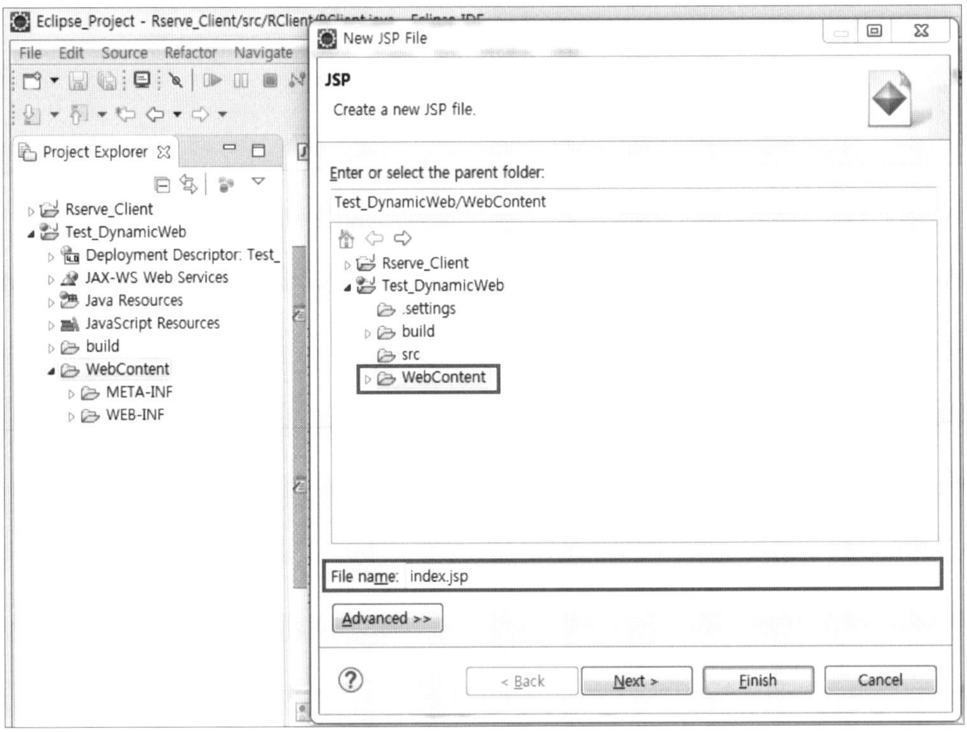

③ 생성한 index.jsp 파일에 다음과 같이 HTML script를 작성한다.

```
<%@ page language="java" contentType="text/html; charset=UTF-8"
  pageEncoding="UTF-8"%>
<!DOCTYPE html>
<html>
<head>
<meta charset="UTF-8">
<title>Hello World</title>
</head>
<body>
        <h1>Hello World!</h1>
</body>
</html>
```

④ Run 버튼을 눌러 Run on Server를 선택하여 앞에서 설정을 진행한 Tomcat 9.0을 선택하고 Finish 버튼을 눌러 서버를 실행한다.

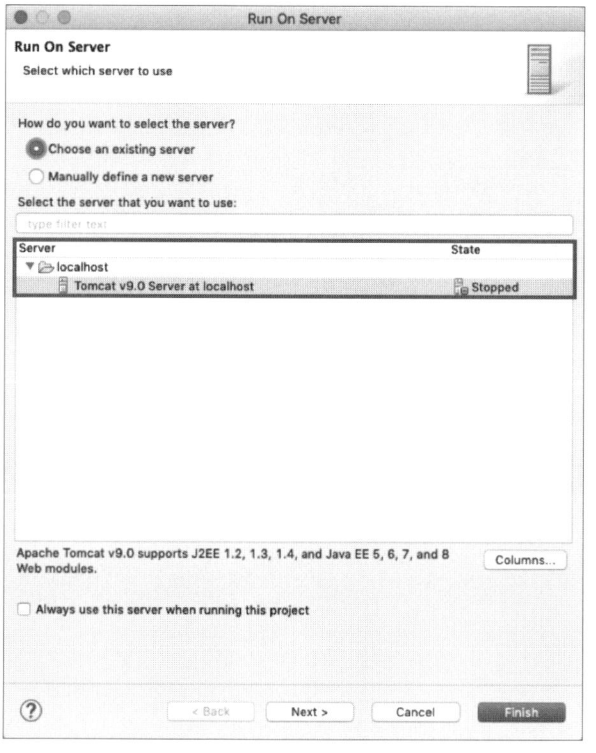

⑤ 서버를 실행했을 때 'The server cannot be started because one or more of the ports are invalid. Open the server editor and correct the invalid ports'와 같은 에러 발생 시 프로젝트 하단의 Servers 탭을 선택한다. 그러면 서버 Overview 페이지로 이동하게 되는데, Port 번호를 모두 변경해준 후 저장하고 다시 실행하면 제대로 실행될 수 있다.

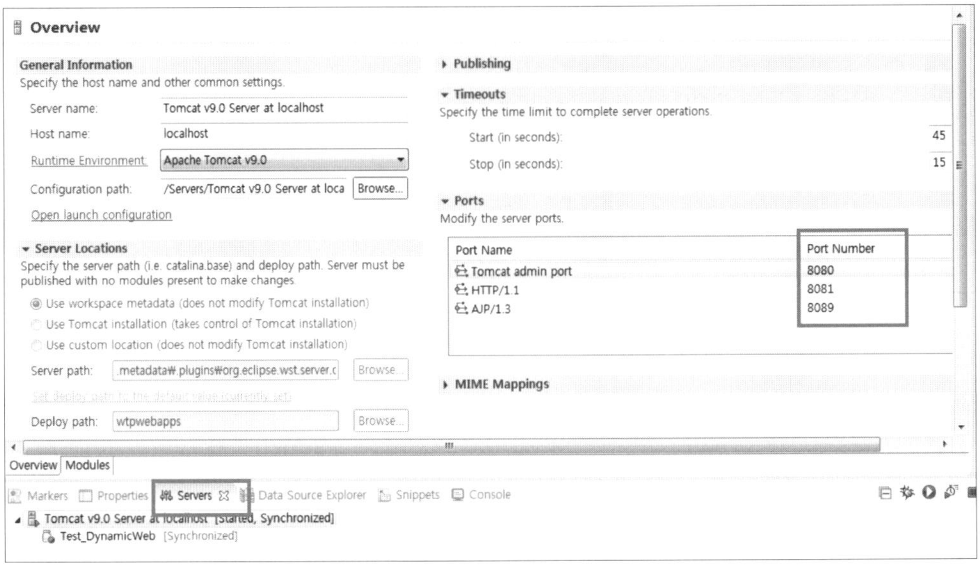

정상 실행 화면은 다음과 같다.

이제 4장에서 개발한 Java-R 통신 클라이언트 프로그램을 웹 페이지에 출력할 수 있는 기반을 마련한 것이다. 통계 웹 시스템을 만들기 위해 웹 페이지의 기본을 더 다듬어 보자.

3 웹 페이지 기본

3-1 HTML이란?

HTML은 웹 페이지를 만들기 위해 사용하는 기본적인 웹 개발 언어다. HTML은 제목, 단락, 목록 등과 같은 본문을 위한 구조적 의미를 보여줄 수 있을 뿐만 아니라 링크, 인용 등을 활용하여 문서의 연결, 미디어(사진, 동영상) 등의 다양한 콘텐츠를 만들 수 있는 방법을 제공한다. 그리고 이미지와 객체를 내장하고 대화형 양식을 생성하는 데 사용될 수 있다.[4] HTML은 웹 페이지 문서를 콘텐츠 안의 다른 텍스트와 "태그"로 구분한다. 태그는 "<", 태그 이름, ">"로 이루어진다. HTML은 인터넷 익스플로러, 크롬, 파이어 폭스, 사파리 등의 웹 브라우저를 통해 문서화(parsing)되어 사용자 화면에 노출된다. HTML은 웹 페이지의 내용을 서술하고 정의하는 데 사용된다. HTML 말고도 웹 페이지의 디자인적 요소인 모양과 표현을 서술하거나(CSS), 문서를 동적으로 만들어주는 기능과 동작을 서술하는(JavaScript) 기술도 있다.

- HTML : 제공할 웹 콘텐츠의 구조와 의미를 문단, 제목, 표, 삽입 이미지, 동영상 등으로 정의하고 부여하는 마크업 언어다.
- CSS : 배경색, 폰트 등의 레이아웃 등을 지정하여 HTML 콘텐츠를 꾸며주는 스타일 규칙 언어다.
- JavaScript : 동적으로 콘텐츠를 바꾸고, 멀티미디어를 다루고, 움직이는 이미지 등을 다룰 수 있는 스크립트 언어다.

4 https://ko.wikipedia.org/wiki/HTML

3-2 HTML의 기본

HTML(HyperText Markup Language)은 웹을 이루는 가장 기초적인 구성 요소이다. HTML의 'hypertext(하이퍼텍스트)'란 웹 페이지를 다른 페이지로 연결하는 링크를 말한다. 링크는 웹의 근본적인 속성이다. 인터넷에 자료를 올리고 다른 사람이 만든 페이지에 링크함으로써 사람들은 정보의 바다인 월드 와이드 웹의 일원이 되는 것이다.

HTML은 웹 브라우저에 표시되는 글, 이미지 등의 다양한 콘텐츠를 표시하기 위해 '마크업'이라는 문법을 사용한다. HTML 마크업은 <head>, <title>, <body>, <header>, <footer>, <article>, <section>, <p>, <div>, <span>, <img>, <aside>, <audio>, <canvas>, <datalist>, <details>, <embed>, <nav>, <output>, <progress>, <video> 등 미리 정해진 수많은 요소(element)로 구성되어 있다. 이들은 적절한 방법으로 나타내고 실행하기 위해 각 콘텐츠의 여러 부분을 감싸고 마크업한다.

태그(tag)는 웹상의 다른 페이지로 이동하게 하는 하이퍼링크 내용들을 생성하거나 단어를 강조하는 등의 역할을 한다. 태그 안의 요소명은 대소문자를 구분하지 않고 섞어서 쓸 수도 있다. 예를 들면 <title> 요소는 <Title>, <TITLE> 등으로 작성할 수 있다.

1) HTML 요소의 구조

앞서 Eclipse를 활용한 Tomcat 서버 설치 및 구성을 진행하면서 index.jsp에 "Hello World!"라고 표시된 화면이 나타났었다. 다음은 텍스트 화면으로 작성하였지만 "Hello World!" 문장을 제목 강조 태그인 <h1>으로 감싸 마크업한 내용이다.

```
<h1>Hello World!</h1>
```

HTML 요소의 구조를 살펴보면 다음과 같다.

- **여는 태그**(opening tag): 요소의 이름과 열고 닫는 꺽쇠 괄호로 구성된다. 요소의 시작 부분부터 효과가 적용되기 시작한다.
- **닫는 태그**(closing tag): 요소의 이름 앞에 슬래시(/)가 있는 것을 제외하면 여는 태그와 같다. 요소의 끝에 위치한다.
- **내용**(content): 요소의 내용에 해당한다.
- **요소**(element): 여는 태그, 닫는 태그, 내용을 통틀어 요소라고 일컫는다.

2) HTML 예외적 단일 태그

모든 요소가 위에 언급된 여는 태그, 내용, 닫는 태그 패턴을 따르는 것은 아니다. 주로 문서에 무언가를 첨부하기 위해 단일 태그(single tag)를 사용하는 요소도 있다. 예를 들어 <img> 요소는 해당 위치에 이미지를 삽입하기 위한 요소로 다음과 같이 사용한다.

```
<img src="https://raw.githubusercontent.com/mdn/beginner-html-site/gh-pages/images/firefox-icon.png">
```

3) HTML 태그 속성

HTML 마크업 태그 속성(attribute)은 요소에 실제로는 나타내고 싶지 않지만 추가적인 내용을 담고 싶을 때 사용한다. 위에는 나중에 스타일에 관련된 내용이나 기타 내용을 위해 해당 목표를 구분할 수 있는 class 속성을 부여한다.

```
<h1 class="test">Hello World!</h1>
```
속성

속성을 사용할 때에는 다음 규칙을 지켜야 한다.

- 요소 이름 다음에 바로 오는 속성은 요소 이름과 속성 사이에 공백이 있어야 하고, 하나 이상의 속성이 있는 경우에는 속성 사이에 공백이 있어야 한다.
- 속성 이름 다음에는 등호(=)가 붙는다.
- 속성값은 열고 닫는 따옴표로 감싸야 한다.

3-3 HTML 파일의 구조

앞에서 생성한 index.jsp에 작성했던 HTML 문서 부분은 다음과 같다. HTML 문서의 기본 마크업 구성이다.

```
<!DOCTYPE html>
<html>
<head>
<meta charset="UTF-8">
<title>Hello World</title>
</head>
<body>
        <h1>Hello World!</h1>
</body>
</html>
```

- <!DOCTYPE html> : HTML 문서 형식을 나타낸다. HTML 초창기(1991~1992년)에 DOCTYPE은 HTML 페이지의 자동 오류 검사나 다른 기능 등을 포함하였으나, 현재 <!DOCTYPE html>은 유효한 HTML 문서 형식을 나타내는 문장이다.

- <html></html> : 전체 페이지의 콘텐츠를 포함하며 기본 요소이다.
- <head></head> : 홈페이지 이용자에게는 보이지 않지만 검색 결과에 노출될 키워드, 홈페이지 설명, 스타일 등 HTML 페이지의 모든 내용을 담고 있다.
- <meta charset="utf-8"> : HTML 문서를 작성한 문자를 저장하고 해석하는 방식을 UTF-8 인코딩을 따른다고 표현한 것이다. UTF-8은 가장 많은 언어를 담고 있는 인코딩 방식이다.
- <title></title> : 사용자가 브라우저를 통해 HTML 문서에 접근했을 때 브라우저 탭에 로딩되는 내용과 북마크, 즐겨찾기 등에 추가할 경우에 설명으로 들어간다.
- <body></body> : <body> 요소는 사용자가 웹 사이트에 방문했을 경우 페이지에 표시하고 싶은 내용을 표현하는 곳이다. 문자, 이미지 비디오, 오디오 등을 표현할 수 있나.

4 통계 웹 사이트 구현

4-1 Eclipse-Tomcat 통계 웹 사이트 설정

우선 4장(4-1절, p. 126)을 참고하여 Rserve 통신 객체를 임포트(import)해보자. 생성한 프로젝트 파일의 경로(C:\Eclipse_Project\웹프로젝트\WebContent\WEB-INF)에 REngine.jar, Rserve Engine.jar 파일을 추가한다.

성공적으로 추가되었다면 다음과 같이 프로젝트 리스트 WEB-INF → lib 하위에 추가한 jar 파일이 노출될 것이다. 노출되지 않을 경우 좌측 프로젝트 리스트에서 프로젝트를 선택한 후 우측 마우스 버튼의 Properties를 선택하거나 Alt+Enter키를 누르면 다음과 같이 프로젝트 속성 설정 화면이 노출된다. 그중 Java Build Path → libraries 탭 → 'Classpath'를 선택한다. 그런 다음 활성화된 Add Jars 버튼을 눌러 REngine.jar, RserveEngine.jar 파일을 추가한 후 Apply 버튼을 눌러 저장한다.

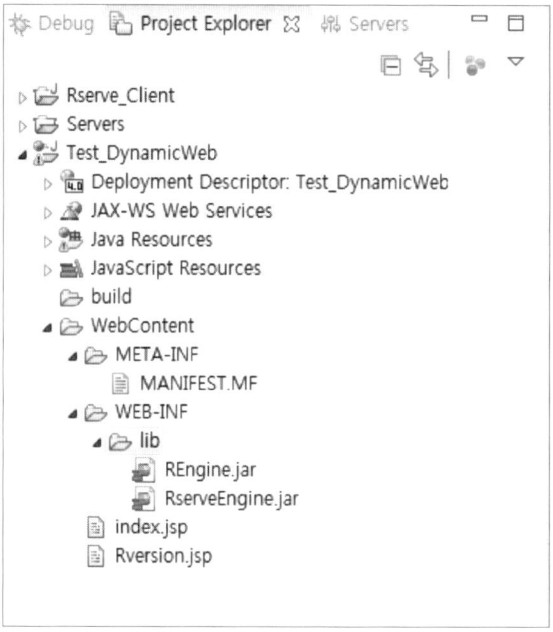

이제 Project Explorer 프로젝트의 Java Resources → src를 선택한 후 우측 New → Class에서 Name은 'Rserver', Package는 'Rserve'로 지정한 후 생성을 완료한다.

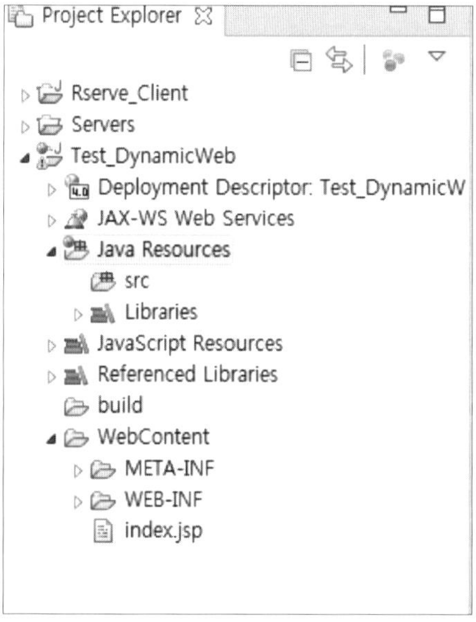

4-2 통계 웹 사이트 구현

앞선 내용을 바탕으로 통계 웹 사이트를 구현할 때 세 가지 기능을 구현해야 한다.

- 통계서버에서 동작할 R스크립트(RScript)
- 통계서버와 통신할 Java 클래스(RConnection)
- 사용자에게 화면을 보여줄 JSP(HTML) 페이지

R.version.string 명령어를 실행할 Java 클래스와 JSP 페이지를 구현해보자. 첫 번째로 R에서 설치 버전을 확인할 수 있는 명령어를 실행해보자.

```
>R.version.string
```

두 번째로 통신할 Java 클래스(RConnection)를 만들어보자. 생성한 클래스에 다음과 같이 Rserver() 생성자에 RConnection을 선언하는 코드를 작성하고 Rversion을 리턴하는 ConfirmRversion()라는 함수를 생성한다.

```
package Rserve;

import org.rosuda.REngine.REXP;
import org.rosuda.REngine.REXPMismatchException;
import org.rosuda.REngine.Rserve.RConnection;
import org.rosuda.REngine.Rserve.RserveException;

public class Rserver {

        protected REXP rexp;
        protected RConnection connection;

        public Rserver() throws RserveException {
                connection = new RConnection();
        }

        public String ConfirmRversion() throws RserveException,
REXPMismatchException {
                rexp = connection.eval("R.version.string");
                return rexp.asString();
                }
}
```

이제 R과 통신하여 R의 버전 정보를 가져오는 클래스를 생성한 것이다.

세 번째로는 사용자가 접근하여 버전을 확인할 수 있는 페이지를 생성해보자. Eclipse 프로그램 좌측에 위치한 Project Explorer의 WebContent를 선택하여 우클릭한 후 New

→ JSP 파일을 선택한다. 그런 다음 'Rversion.jsp'로 네이밍하여 생성한 후 다음과 같이 JSP 페이지를 작성한다.

```
<%@ page language="java" contentType="text/html; charset=EUC-KR"
  pageEncoding="EUC-KR"%>
<%@ page import="Rserve.Rserver" %>
<!DOCTYPE html>
<html>
<head>
<meta charset="EUC-KR">
<title>R Version</title>
</head>
<body>
<%
 Rserver r = new Rserver();
 out.print(r.ConfirmRversion());
%>
</body>
</html>
```

Run on Server 버튼으로 Tomcat을 실행하여 페이지를 확인해보자. 정상적으로 페이지가 구동되면 다음과 같이 나타날 것이다.

이렇게 만든 화면에 사용자가 접근하는 순서는 다음과 같다. 사용자는 웹 브라우저를 활용해 localhost:8081/Test_DynamicWeb/의 주소를 통해 웹 서버로 접근한다. Rversion.JSP 페이지를 사용자에게 보여주기 전 Tomcat 서버는 body 태그 안의 Rserver 객체를 선언한다.

r.ConfirmRversion()라는 명령어를 해석하여 서버에 구현되어 있는 R Connection을 생성하고, 구동되고 있는 통계서버에 R 명령어인 R.version.string 명령어를 요청하여 다시 응답받은 결과를 body 태그 안에 노출시킨다. 그 결과를 사용자에게 전달한다.

이제 R과 웹 페이지 간 통신을 할 수 있는 환경이 구성되었다. 좀 더 가시적인 통신을 위해 다음 예제를 진행해보자.

4-3 통계 시각화 페이지 구현

3장(3-4절, p. 81)에서 진행한 R 기반의 기본 데이터를 그래프로 시각화한 이미지를 웹 페이지로 공유하는 내용을 다루도록 하겠다. 쉽게 설명하자면 앞 절(4-2절, p. 159)에서 구현한 문자열 형태의 R.version 리턴 함수 대신 이미지를 받아 오는 함수를 구현하여 호출하면 된다. 어려워 보이지만 차근차근 따라온 독자라면 별로 힘들지 않을 것이다.

우선 R에 그래프 이미지 저장을 위한 jpeg 패키지를 설치하고 추가한다.

```
>install.packages('jpeg')
>library('jpeg')
```

앞에서 작성한 Rserver 클래스에 이미지를 리턴하는 함수를 만들어보자. R에서 리턴받은 이미지 raw 데이터를 string 형태로 전달해서 바로 HTML 파일에 전달하기 위해서는 Base64 형태의 인코딩(encoding) 형태가 필요하다. 컴퓨터 분야에서 쓰이는 Base64란 8비트 이진(binary) 데이터(실행 파일이나 ZIP 파일 등)를 문자 코드에 영향을 받지 않는 공통

ASCII 영역의 문자들로 구성된 일련의 문자열로 바꾸는 인코딩 방식이다.[5] 따라서 Java에서 제공하는 함수를 사용하기 위해 다음과 같은 인코더(encoder)를 추가한다.

import java.util.Base64; import java.util.Base64.Encoder;

```
package Rserve;
// Base64 인코더 추가
import java.util.Base64;
import java.util.Base64.Encoder;
import org.rosuda.REngine.REXP;
....(생략)
```

이미지를 리턴하는 함수를 returnRImg()로 네이밍하여 만들어보자. jpeg 라이브러리를 활용하여 test.jpg 파일을 생성하고 mtcars 데이터 객체를 활용하여 그린 히스토그램(histogram)과 분포곡선을 그린 이미지 객체에 저장하는 R스크립트를 작성하는 내용이다. readBin 패키지를 활용해서 생성된 test.jpg 파일을 이진 데이터로 변환한 데이터를 R로부터 리턴받는다. 리턴받은 이진 데이터를 Base64 인코딩 형태의 문자열로 변경한 후 HTML에 전달하는 함수이다.

```
        public class Rserver {
    ....(생략)
        }

        public String ConfirmRversion() throws RserveException,
REXPMismatchException {
    ....(생략)
        }
```

5 https://ko.wikipedia.org/wiki/베이스64

```
    public String returnRImg() throws REXPMismatchException,
REngineException {

        String library = "jpeg";
        connection.parseAndEval("try("+library+"('test.jpg',quality=90))");
        connection.parseAndEval("x <- mtcars$mpg ");
        connection.parseAndEval("h<-hist(x, breaks=10, col=\"red\",
        xlab=\"Miles Per Gallon\", main=\"Histogram with Normal Curve\")");
        connection.parseAndEval("xfit<-seq(min(x),max(x),length=40)");
        connection.parseAndEval("yfit<-dnorm(xfit,mean=mean(x),sd=sd(x))");
        connection.parseAndEval("yfit <- yfit*diff(h$mids[1:2])*length
        (x)");
        connection.parseAndEval("lines(xfit, yfit, col=\"blue\", lwd=2)");

        //graphics off
        connection.parseAndEval("graphics.off()");
        rexp = connection.parseAndEval("r=readBin('test.jpg','raw',1024*1024);
        unlink('test.jpg'); r");

    // Image byte to String
    Encoder encoder = Base64.getEncoder();
    String encodedString = encoder.encodeToString(rexp.asBytes());

            return encodedString;

        }
}
```

Rserver에서 이미지를 호출하는 jsp 페이지를 생성해보자. 프로젝트 리스트에서 WebContent → WEB-INF 파일 아래에 RHist.jsp 파일을 생성한다. 앞서 R 버전을 확인한 Rversion.jsp 페이지와 같이 r.returnRImg() 함수를 호출하여 문자열 형태를 받은 후 이미지 태그 <img/>에 문자열을 이미지로 나타나게 하는 코드는 다음과 같다.

```
<%@ page language="java" contentType="text/html; charset=UTF-8"
  pageEncoding="UTF-8"%>
<%@ page import="Rserve.Rserver" %>
<!DOCTYPE html>
<html>
<head>
<meta charset="EUC-KR">
<title>R Histogram</title>
</head>
<body>
<%
 Rserver r = new Rserver();
 String returnImg = r.returnRImg();
%>

 <img src="data:image/jpg;base64, <%=returnImg%>" />

</body>
</html>
```

구현한 내용을 기반으로 서버에 올려 확인할 경우 다음과 같은 화면이 나타난다.

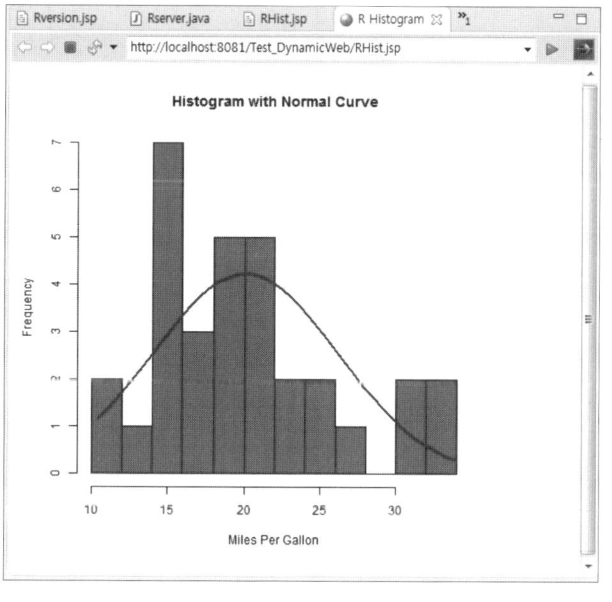

4-4 보건의료 데이터 통계 시각화 페이지 구현

이제 3장(4-3절, p.89)에서 진행한 보건의료 데이터를 분석한 이미지를 공유하는 웹 페이지를 만들어보자. RConnection의 parseAndEval에 아래의 R스크립트를 보내서 이미지를 저장한 후 이미지 경로를 리턴하는 방식으로 진행해보자.

```
#필요 라이브러리 로드
> library(DBI)
> library(RMySQL)
> library(jpeg)

#연결 설정
> con <- dbConnect(dbDriver("MySQL"),username="root",password="***", host="
127.0.0.1",port=3306,dbname="nhis")

#인코딩 설정
> rs <- dbSendQuery(con,'set character set "euckr"')

#DB 쿼리 확인
> tdata <- dbGetQuery(con, 'SELECT si.sido, count(*) as cnt
  FROM nhis.t_nhis_open_gj gj
  inner join t_age_group ag on gj.age_group = ag.group
  inner join t_sido si on gj.sido = si.code
  group by si.sido
  order by 1')

#이미지 형태 저장
> png("{imgPath}",width = 1024, height = 720)

#데이터 시각화
> barplot(tdata$cnt, names.arg=tdata$sido, xlab="시도", ylab="검진자수",
   las=2, col="blue", border="red")

#이미지 형태 저장 종료
> dev.off()
```

그런데 이러한 부분을 한 줄씩 parseAndEval에 명령어를 보내는 것은 코드의 가독성을 떨어뜨린다. 또한 스크립트를 수정해야 할 경우 해당 내용을 찾기도 어렵다. 따라서 다음과 같이 R스크립트 파일을 생성·저장하여 파일을 읽어들여서 사용할 수 있도록 저장해보자. Eclipse 프로젝트 리스트 WebContent 하위에서 마우스 우클릭 후 New → Folder를 생성한다. 폴더 이름은 R 또는 RScript로 한다. R 폴더에서 마우스 우클릭 후 New → File → HealthCareBarPlot.r을 생성한다.

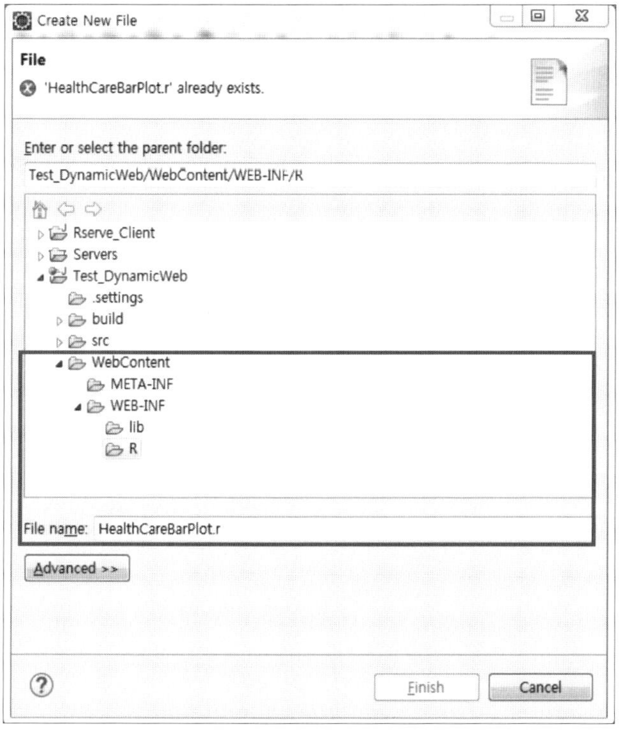

생성된 HealthCareBarPlot.r 파일에 앞의 스크립트를 작성하거나 붙여넣기 한 후 저장한다. Rserve.Java에 HealthCareBarPlot.r 파일을 읽는 함수 생성에 필요한 Library Import를 다음과 같이 추가한다.

```
//파일 읽어들이기 라이브러리
import java.io.BufferedReader;
import java.io.File;
import java.io.FileInputStream;
import java.io.IOException;
import java.io.InputStreamReader;

// 문자열 라인 배열 객체
import java.util.ArrayList;

// 웹 서버 요청 객체
import javax.servlet.http.HttpServletRequest;

//Base64 인코딩 객체
.... 생략
```

이후에 Rserver 클래스에 HttpServletRequest 객체를 다음과 같이 추가한다. 생성자 함수인 Rserver() 외에 HttpServletRequest 객체를 받을 수 있는 생성자 함수를 추가하여 Request에 추가하는 내용을 적는다.

```
public class Rserver {
protected HttpServletRequest request = null;
...생략...
public Rserver() throws RserveException {...생략...}

public Rserver(HttpServletRequest request) throws RserveException {
        connection = new RConnection();
        this.request = request;
}
... 생략 ...
}
```

그런 다음 파일을 읽는 함수를 생성한다. R스크립트를 저장한 파일명을 읽는 함수와 request 객체는 Tomcat에 로드된 path를 읽기 위해 활용된다. HealthCareBarPlot.r 파일을 파일 객체로 읽어들인 후 FileInputStream으로 로드하여 InputStreamReader 객체를 활용하여 UTF-8 인코딩 형태로 내용을 읽는다. BufferedReader를 통해 이진 파일을 읽어들이고 BufferedReader.readLine()을 통해 각 라인을 읽어서 String Array에 각 라인별로 저장하고 리턴하는 함수다.

```
public String returnRImg() throws REXPMismatchException, REngineException
{...생략...}

public ArrayList<String> RFileRead(String fileName) throws IOException {
        ArrayList<String> arr = new ArrayList<String>();
        String realPath = request.getSession().getServletContext().
        getRealPath("");
        String imgPath = realPath+"WEB-INF\\Img\\"+fileName+".png";
        String line;
        File file = new File(realPath+"/WEB-INF/R/"+fileName+".r");
        FileInputStream fis = new FileInputStream(file);
        InputStreamReader isr = new InputStreamReader(fis,"UTF-8");
        BufferedReader br = new BufferedReader(isr);
        while ((line = br.readLine()) != null) {
                if(line.length()>0) {
                  line = line.replace("{imgPath}", imgPath);
                  line = line.replace("C:\\", "C:");
                  line = line.replace("\\", "/");
                  arr.add(line);
                }
        }
        return arr;
}
```

앞에서 생성한 RFileRead를 활용하여 파일을 읽고 이미지 이진 데이터를 리턴하는 함수를 생성해보도록 하자. ArrayList<String>를 선언하고 RFileRead의 결과값을 리턴받는다.

다음의 구현 내용은 앞에서 리턴받은 명령어 데이터를 각 라인별로 connection.parseAndEval로 R에 명령어를 실행시킨 것이다. if(i == commands.size()-1)로 마지막 실행 명령어를 구분하여 실행 결과를 rexp 객체로 리턴받아 저장한다.

```
public String returnHealthCareBarPlot() throws REXPMismatchException,
REngineException, IOException {

        ArrayList<String> commands = RFileRead("HealthCareBarPlot");
        for (int i = 0; i < commands.size() ; i ++) {
                String command = commands.get(i);
                if(i == commands.size()-1) {
                        rexp = connection.parseAndEval(command);
                }else {
                        connection.parseAndEval(command);
                }
        }
    String realPath = new String(request.getSession().getServletContext().
     getRealPath("")+"/WEB-INF/Img/"+"HealthCareBarPlot.png");

        return encodedString;
}
```

WebContent 하위에 jsp 페이지를 생성한다. 생성자 명은 HealthCareBarPlot.jsp로 지정한다.

실행한 결과인 rexp 객체를 이번에는 RHist.jsp와는 다른 방식으로 출력해보자. rexp 객체 이미지를 저장한 후 저장 이미지 경로를 jsp 페이지로 링크를 보내 표현해보는 것이다. 우선 통신을 위해 요청 객체의 인코딩 형태 UTF-8로 설정(request.setCharacterEncoding)한 후 Rserver(request) 형태로 Rserver 객체를 생성한다. 그 후 r.returnHealthCareBarPlot() 함수를 호출하여 통계서버에서 리턴받은 문자열 형태의 이미지 경로를 realPath에 저장한다.

다음은 사용자에게 화면을 보여줄 JSP(HTML) 페이지에 이미지 태그를 작성하여 이미지 위치를 붙여넣는 코드다.

```
<%@ page language="java" contentType="text/html; charset=UTF-8"
  pageEncoding="UTF-8"%>
<%@ page import="Rserve.Rserver" %>
<!DOCTYPE html>
<html>
<head>
<meta charset="EUC-KR">
<title>Health Care Bar Chart</title>
</head>
<body>
<%

 request.setCharacterEncoding("utf-8");
 Rserver r = new Rserver(request);

 String returnImg = r.returnHealthCareBarPlot();
%>

 <img src="<%=returnPlot%>" height="540" width="540"/>

</body>
</html>
```

실행 결과는 다음과 같이 노출되면 된다.

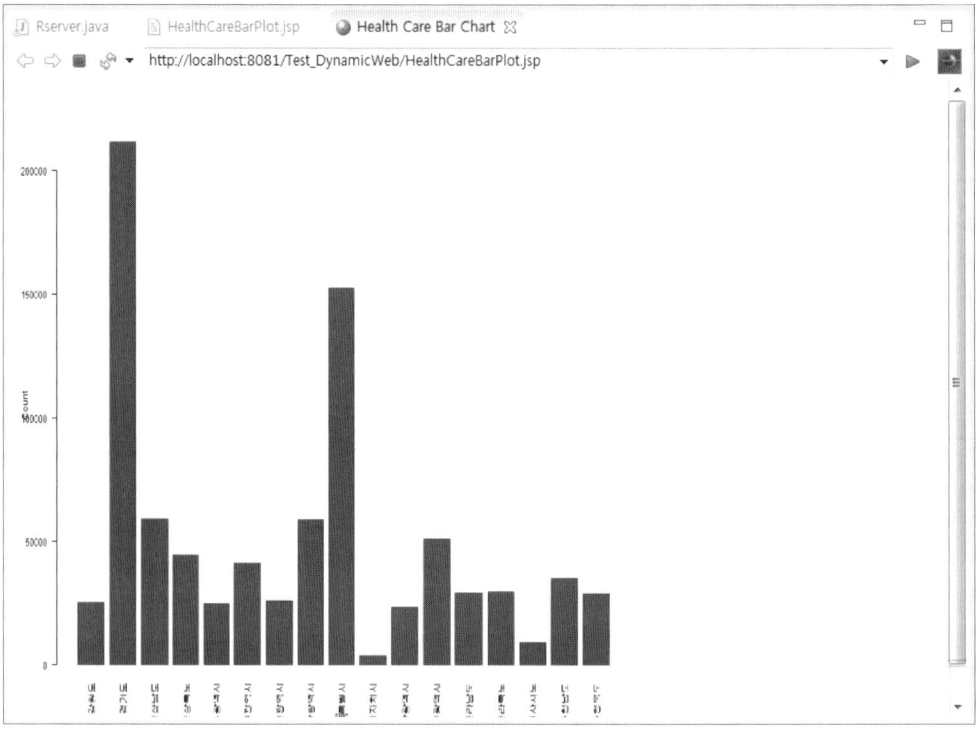

이로써 데이터베이스의 누적 데이터를 기반으로 분석 결과를 실시간으로 시각화하고 웹 페이지로 공유할 수 있게 되었다. 현재 단계에서는 시각화 이미지를 공유하는 수준까지만 익히길 원하는 독자라면, 다음 장부터 다룰 내용은 이후에 찬찬히 학습하여도 될 것이다.

1. 한나래 출판사 로고의 URL(http://www.hannarae.net/img/logo.gif)을 활용하여 다음과 같은 화면을 출력하는 HTML 파일을 생성해보자.

2. plot(tapply(cars$dist, cars$speed, mean)) R스크립트 이미지를 출력하는 returnCar 함수를 생성한 후 jsp로 호출해보자.

6장 동적 웹 페이지

1 동적 웹 페이지란?
2 자바스크립트
3 JSON 객체
4 AJAX의 개념

1 동적 웹 페이지란?

동적 웹 페이지는 서버 사이드 동적 웹 페이지(server-side dynamic web page)와 클라이언트 사이드 동적 웹 페이지(client-side dynamic web page) 두 가지 유형으로 나눌 수 있다. '서버 사이드 동적 웹'은 앞서 5장에서 다룬 Java, JSP 등 서버 사이드 스크립트를 처리하는 애플리케이션 서버에 의해 통제되는 구조의 웹 페이지다. 서버 사이드 스크립트에서 파라미터는 클라이언트 사이드 처리의 구성을 포함하며 새로운 모든 웹 페이지의 조합이 어떻게 처리되는지를 결정한다. '클라이언트 사이드 동적 웹'은 로드될 때 브라우저에서 실행되는 HTML 스크립트를 사용하여 웹 페이지를 처리한다. 자바스크립트와 다른 스크립트 언어들은 수신된 페이지의 HTML이 문서 객체 모델(Document Object Model, DOM)로 구문 분석(parsing)하는 방식을 결정하며 로드되는 웹 페이지를 표출한다. 동일한 클라이언트 사이드 기법들이 동일한 방식으로 DOM을 동적으로 업데이트하거나 변경한다.

6장에서는 동적 웹 클라이언트 사이드에서 자바스크립트 기술과 AJAX 통신을 활용하여 받은 JSON 객체 등을 다루는 기술을 배워볼 것이다. 더불어 사용자가 브라우저를 통해 입력하는 이벤트를 다루는 자바스크립트를 살펴보고 서버와 통신하는 데 필요한 기본 데이터 양식인 JSON과 통신 기법인 AJAX 기술에 대해 알아볼 것이다.

2 자바스크립트

앞서 5장에서 HTML로 시각화 웹 페이지를 확인해볼 수 있었다. 이제 시각화에 동적인 부분을 추가하기 위해서 자바스크립트를 활용할 수 있어야 한다.

자바스크립트(JavaScript)는 객체 기반의 스크립트 프로그래밍 언어다.[1] 이 언어는 웹 브

1 https://ko.wikipedia.org/wiki/자바스크립트

라우저 내에서 주로 사용하며, 다른 응용 프로그램의 내장 객체에도 접근할 수 있는 기능을 가지고 있다. 자바스크립트는 브라우저 내에 내장된 자바스크립트 엔진을 통해 해석되고 실행된다. 자바스크립트 엔진(JavaScript engine)은 자바스크립트 코드를 실행하는 프로그램 또는 인터프리터(interpreter, 해석기)다.[2] 여러 목적으로 자바스크립트 엔진을 사용하지만, 대체적으로 웹 브라우저에서 사용한다.

자바스크립트와 브라우저 내의 자바스크립트 엔진을 활용하여 정적인 HTML 문서에 동작을 주고 생동감을 줄 수 있다. 자바스크립트로 작성된 코드를 JIT(Just In Time) 기술로 즉시 해석하고 실행하여 브라우저 내의 HTML 페이지를 변경할 수 있다.

자바스크립트는 프로토타입(prototype) 기반의 동적 다중 패러다임 스크립트 언어로 객체지향형, 명령형, 선언형(함수형 프로그래밍 등) 스타일을 지원한다.[3] 자바스크립트의 표준은 에크마스크립트(ECMAScript)이다. 2012년 기준 최신 브라우저부터 모두 ECMAScript 5.1 버전을 지원한다.

자바스크립트 언어의 핵심 기능은 다음과 같다.

- 변수 안에 값을 저장할 수 있다.
- 프로그래밍에서 '문자열(string)'이라고 불리는 문자들을 조작할 수 있다.
- 웹 페이지상의 이벤트에 응답하는 코드를 작성할 수 있다.

기능을 간단히 알아보기 위해 메모장이나 텍스트 편집기를 실행하여 다음과 같이 작성한다.

```
<!DOCTYPE HTML>
<html>
  <head>
  <meta http-equiv="Content-Type"content="text/html"charset="UTF-8"/>
  <title>자바스크립트 페이지</title>
  <script type="text/javascript">
```

2 https://ko.wikipedia.org/wiki/자바스크립트_엔진

3 https://developer.mozilla.org/ko/docs/Web/JavaScript

```
    document.write("<p>Hello World!</p>");
  </script>
</head>
  <body>
  </body>
</html>
```

test.html 파일로 저장한다. HTML 파일을 크롬 또는 인터넷 브라우저를 통해 실행하면 다음과 같은 결과를 얻을 수 있다.

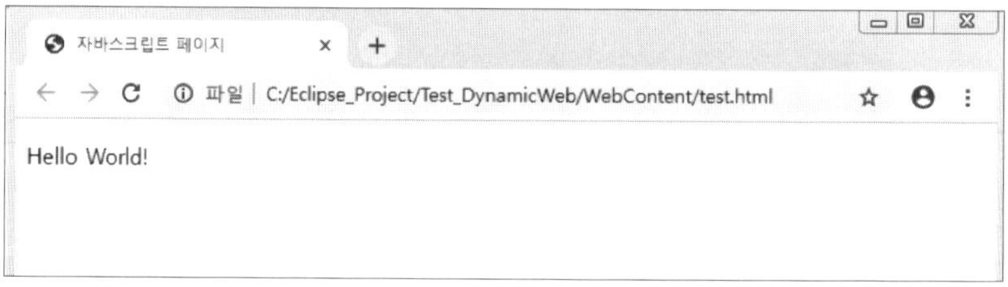

HTML의 body 태그 안에 내용을 작성하지 않았음에도 HTML의 Hello World라는 내용을 확인할 수 있다. 브라우저가 test.html 파일을 여는 순간 자바스크립트의 document.write 함수가 실행되어 Hello World 내용을 <body> 태그 안에 입력한 후 사용자에게 보여주는 것이다. 자바스크립트 브라우저 내 HTML을 조작할 수 있는 기능을 활용하면 많은 동적인 웹을 구축할 수 있다.

자바스크립트 기술은 브라우저 내에서 동작하므로 다른 프로그래밍 기술에 비해 기술의 제약이 있다고 생각될 수 있지만, 다른 프로그래밍 기술에 비해 유연하다는 장점이 있다. 개발자들은 자바스크립트 엔진 위에서 자바스크립트를 활용해 다음과 같은 기능을 확장, 개발할 수 있다.

- 브라우저에 내장된 API(Application Programming Interface, 응용 프로그래밍 인터페이스)로 HTML을 동적으로 생성하고 CSS 스타일을 설정하는 기능, 사용자의 웹캠으로부터 비디오 스트림을 수집·조작하는 기능, 3D 그래픽이나 오디오 샘플을 생성하는 것과 같은 다양한 기능을 제공한다.
- 제3자[서드 파티(third party)]가 개발해놓은 API를 활용해 트위터나 페이스북 같은 다른

콘텐츠 공급자로부터 제공되는 기능을 자신의 사이트에 통합하여 사용할 수 있다.

• 서드 파티 프레임워크와 라이브러리를 HTML에 적용함으로써 사이트와 애플리케이션을 빠르게 구축할 수 있다.

2-1 자바스크립트의 기본

웹 페이지의 자바스크립트는 반드시 script 태그(<script> 내용 </script>) 사이에 작성해야 한다. 또는 오래된 브라우저와 자바스크립트 시작 태그에 script 자바스크립트로 명시(<script type="text/javascript">)하는 경우도 있다. HTML 페이지의 <body>와 <head> 섹션에 배치하거나 또는 양쪽 모두에 배치할 수 있다. 자바스크립트는 코드블록 형태로 이루어져 있으며, 자바스크립트 함수는 호출될 때 실행될 수 있다. 예를 들어, 사용자가 버튼을 클릭하는 등의 이벤트가 발생하면 함수를 호출할 수 있다.

자바스크립트를 다룰 때 알아야 할 기본적인 기능은 4장에서 다룬 Java 기능과 유사하다. 그 내용을 살펴보면 다음과 같다.

키워드	설명
break	반복문 또는 Switch문을 종료함
continue	반복문 또는 Switch문 다음 상태로 이동함
debugger	현재의 자바스크립트 실행을 중지, 브라우저에서 지원할 경우 디버깅 모드를 실행함
do ... while	조건이 '참'일 경우 While 블록 내의 문법을 반복 실행함
for	조건문이 참이 될 때까지 For 블록 내의 문법을 반복 실행함
function	함수를 선언함
if ... else	조건문이 참일 경우 블록 내 문법을 실행함
return	함수 실행을 종료함
switch	각 case 조건에 따라 break 전까지의 내용을 실행함
try ... catch	try 블록 내의 자바스크립트 실행 시 오류가 일어날 경우 Catch 블록을 실행함
var	변수를 선언함
typeof	변수 타입을 확인함

2-2 자바스크립트 예제 실행 환경

자바스크립트의 예제를 확인하기 위해 매번 HTML 파일을 생성하고 브라우저에서 확인하는 것은 신속한 학습을 방해한다. 따라서 예제 실행 환경은 크롬 브라우저에서 F12 버튼을 눌러 설정하거나, 크롬 설정 → 도구 더 보기 → 개발자 도구를 선택하여 설정한다.

다음과 같은 콘솔창에서 아래 예제를 실행해볼 수 있다. 예제를 실행할 경우 객체를 선언하여 변수값을 확인하거나 console.log 명령어를 활용하여 객체값을 출력할 수 있다.

```
> var price1 = 5;
> var price2 = 6;
> var total = price1 + price2;
> console.log(total);
```

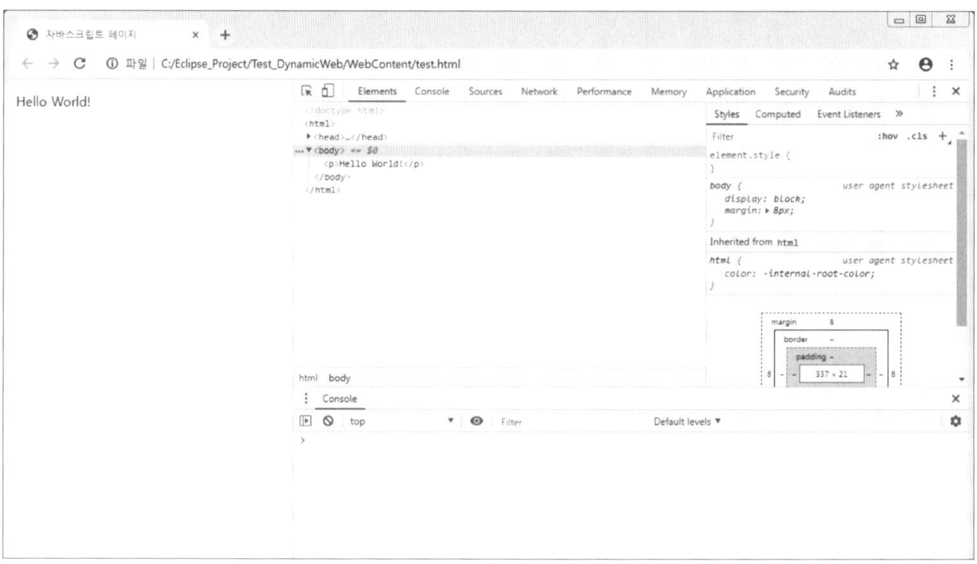

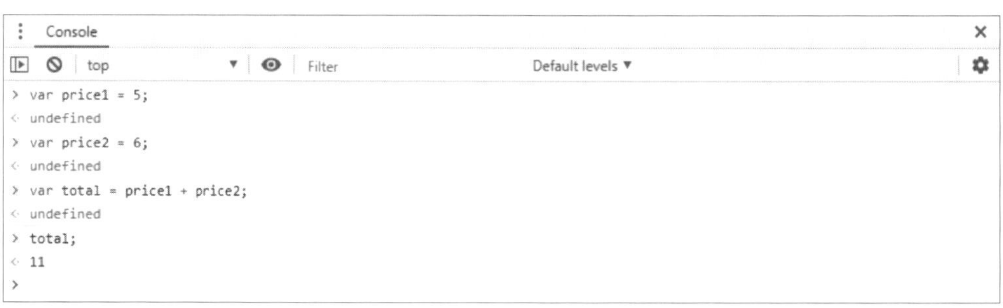

2-3 자바스크립트의 데이터 타입

자바스크립트에서는 var 키워드를 활용하여 객체를 다음과 같이 선언한 후 저장하고 활용한다.

```
> var __num123 = 123;
```

선언되는 객체는 반드시 유니크한 이름을 지녀야 한다. 객체명은 다음과 같은 특성을 갖는다.

- 문자, 숫자, 언더바(_), 달러 표시($)를 가질 수 있다.
- 문자 또는 언더바(_), 달러 표시($)로 시작되어야 한다.
- 대소문자를 구분한다.
- 자바스크립트 엔진에서 사용되는 키워드(break, var, function 등)는 사용될 수 없다.

자바스크립트에서 자주 사용되는 주요 객체 할당 방식은 다음과 같다.

할당자	예제	동의어	설명
=	x = y	x = y	y값을 x에 할당함
+=	x += y	x = x + y	y값과 x값을 더한 값을 x에 할당함
-=	x -= y	x = x - y	y값과 x값을 뺀 값을 x에 할당함
*=	x *= y	x = x * y	y값과 x값을 곱한 값을 x에 할당함
/=	x /= y	x = x / y	y값과 x값을 나눈 값을 x에 할당함
%=	x %= y	x = x % y	y값과 x값을 나눈 나머지 값을 x에 할당함

자바와 달리 자바스크립트는 var 키워드를 공통으로 사용하여 객체를 선언하기 때문에 선언과 연산 시 데이터 타입을 구분하는 것이 매우 중요하다. 자바스크립트에서 자주 사용되는 데이터 타입은 다음과 같다.

값	타입	설명
"Hello"	string	문자열
3.14	number	숫자 정수형, 실수형
true/false	boolean	참, 거짓 값
{}/[]	null/object	배열 또는 JSON 형식
undefined	undefined	값이 지정되지 않거나 존재하지 않는 변수

```
> var length = 16;
> typeof length; // Number> var lastName = "Park";
> typeof lastName;  // String
> var x = {firstName:"Jihyoung", lastName:"Park"};
> typeof x; // Object
```

2-4 자바스크립트의 산술 연산자

자바스크립트의 연산자는 자바와 대부분 동일하다. 내용은 다음과 같다.

연산자	설명
+	덧셈
-	뺄셈
*	곱셈
/	나눗셈
%	나머지
++	증가
--	감소

대부분 산술 연산자는 객체 타입이 number일 때 활용되지만 문자열일 때 다음과 같이 사용되기도 한다.

```
> var txt1 = "Jihyoung";
> var txt2 = "Park";
> var txt3 = txt1 + " " + txt2;
> txt3;
> Jihyoung Park
```

따라서 데이터 타입을 구분하지 않고 연산자를 사용할 때는 다음과 같은 경우에 유의해야 한다.

```
> var x = 5 + 5;
> x;
> 10
> var y = "5" + 5;
> y
> 55
> var z = "Hello" + 5;
> z
> Hello5
```

2-5 자바스크립트의 비교 및 논리 연산자

자바스크립트에서 주요하게 사용되는 비교 연산자는 다음과 같다.

연산자	설명
==	값이 같다.
===	값과 타입이 같다.
!=	값이 같지 않다.
!==	값과 타입이 같지 않다.
〉	값보다 크다.
〈	값보다 작다.
〉=	값보다 크거나 같다.
〈=	값보다 작거나 같다.

논리 연산자는 다음과 같다.

연산자	설명
&&	그리고(AND)
||	또는(OR)
!	반대(NOT)

일반적으로 비교 연산자와 논리 연산자를 함께 사용한다.

```
> var a = 3;
> var b = -2;
> console.log(a > 0 && b > 0); // false
> console.log(a > 0 || b > 0); // true
> console.log(!(a > 0 || b > 0)); // false
```

2-6 자바스크립트 반복문

4장(3-3절, p. 121)에서 살펴본 자바 for문과 동일한 방식으로 자바스크립트 for문을 구성할 수 있다. 다만 변수 선언을 var로 하는 점 등이 구분된다.

```
for (조건1; 조건2; 조건3) {
  // 조건1은 반복문 코드블럭이 실행되기 전 한번 실행된다.
   // 조건2는 반복문의 실행 조건을 정의한다.
   // 조건3은 조건2가 충족될 때까지 코드블록 실행된 후 실행된다.
}
-------------------------------------------
for (var i = 0; i < 5; i++) {
 console.log(i);
}
---------------------------------------------------------------
> 0 1 2 3 4
```

2-7 자바스크립트의 함수

자바스크립트에서 함수를 선언할 때는 function 키워드와 함수명을 입력한 후 괄호( ) 안에 함수 인입 값인 변수명을 입력하고, 대괄호{ }에 함수 내용을 작성한다. 함수 선언 예제는 다음과 같다.

```
> function 함수명(변수1, 변수2 ...) {
 // 실행 코드 또는 Return 값
}
```

함수는 다음과 같은 특성을 갖는다.

- 함수의 변수는 함수 정의에서 괄호( ) 안에 표시된다.
- 함수를 호출할 때 함수 return값이 존재할 수 있다.

함수 내 실행 코드는 다음의 상태일 때 실행된다.

- 사용자의 버튼 클릭과 같은 이벤트가 일어났을 경우
- 자바스크립트 코드에서 호출되었을 경우
- 실행된 함수 내에서 재호출되었을 경우

return 키워드를 통해 함수 실행 결과를 호출 객체에 보낸 후 실행을 중지한다. 함수 실행 예제는 다음과 같다.

```
> function myFunction(a, b) {
 return a * b;
}
> var x = myFunction(4, 3);
> console.log(x);
```

위의 예제에서 myFunction은 a, b 두 값을 받아서 서로 곱한 값을 리턴한 후 함수 실행이 종료되는 내용을 구현한다. var x = myFunction(4, 3);을 통해 myFunction에 4와 3 값을 넣어 변수 x를 리턴받는다. x를 출력했을 때 4와 3을 곱한 값을 출력하는 예제다.

2-8 자바스크립트의 외부 참조

자바스크립트에서 외부 참조는 중요한 요소 중 하나다. 외부 참조 함수를 통해서 제3자가 개발한 함수와 기능들을 간단하게 추가하고 사용할 수 있다. 이외에 브라우저가 제공하는 외부 참조 기능을 통해 얻을 수 있는 장점은 다음과 같다.

- HTML 파일과 자바스크립트 구현 내용을 파일을 통해 구분할 수 있다.
- 자바스크립트를 별도 관리하는 데 용이하며 가독성을 높인다.
- 저장된 자바스크립트 파일은 페이지 로딩 성능을 높인다.

HTML 파일의 <body>, <head>에 다음과 같이 표현하여 외부 자바스크립트를 참조할 수 있다.

```
<script src="myScript1.js"></script>
<script src="https://d3js.org/d3.v5.js"></script>
```

이러한 방식의 외부 참조를 통해 트위터의 부트스트랩(bootstrap)이나 D3.js와 같은 다양한 자바스크립트 라이브러리를 활용할 수 있다. 이로써 구현하기 까다로운 동적 기능을 활용하여 빠르게 적용할 수 있게 된다.

3 JSON 객체

JSON은 자바스크립트에서 다루는 객체 타입 중 오브젝트(object)에 해당되지만 앞으로 실습할 내용에서 많이 다룰 것이므로 따로 설명하겠다. JSON(JavaScript Object Notation)은 경량의 데이터 교환 형식으로, 사람이 읽고 쓰기 쉬우며 기계가 분석하고 생성하기에도 용이하다. JavaScript Programming Language, Standard ECMA-262 3rd Edition - December 1999를 기반으로 한다. JSON은 C, C++, C#, Java, JavaScript, Perl, Python 등 기존 프로그래밍 언어로부터 독립적이지만 프로그래머들에게 친숙한 텍스트 형식이다. 이러한 속성으로 인해 이상적인 데이터 교환 언어로서 통용되고 있다.[4]

JSON은 두 가지 기본 구조를 바탕으로 한다.

- 첫 번째는 name/value 형태의 쌍으로 이루어진 collection 타입의 구조로 다양한 언어들의 object, record, struct(구조체), dictionary, hash table 등을 연상시키는 배열로 구현된다.
- 두 번째 구조는 대부분의 언어가 가지고 있는 값들인 순차 리스트, array, vector, list 등으로 구현된다.

이는 보편적인 데이터 구조로 현대의 모든 프로그래밍 언어들은 다양한 형태로 이러한 구조를 지원한다.

1) JSON object

이제 JSON 형식들에 대해 알아보자.

- object는 name/value 쌍들의 비정렬화 된 묶음이다.

4 https://www.json.org/json-ko.html

• object는 왼쪽 중괄호({)로 시작해 오른쪽 중괄호(})로 끝내는 것으로 표현한다.
• 각 name 뒤에 콜론(:)을 붙이고 콤마(,)로 name/value 쌍들을 구분한다.

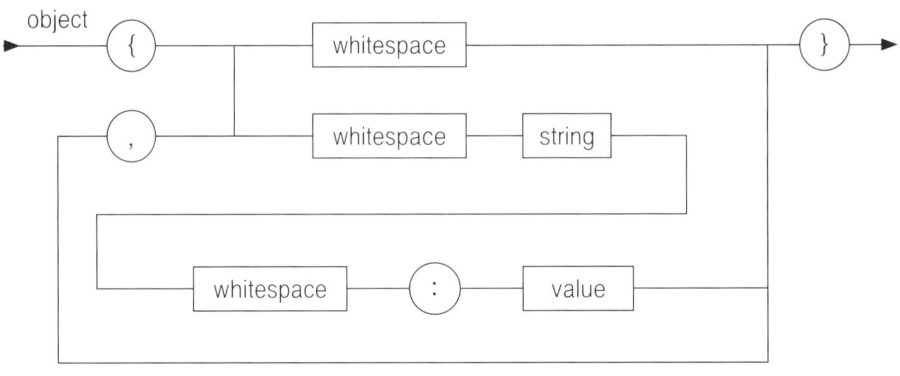

2) JSON array

• array는 값들의 순서화된 묶음으로 왼쪽 대괄호([)로 시작해 오른쪽 대괄호(])로 끝내는 것으로 표현한다. 값들은 콤마(,)로 구분한다.

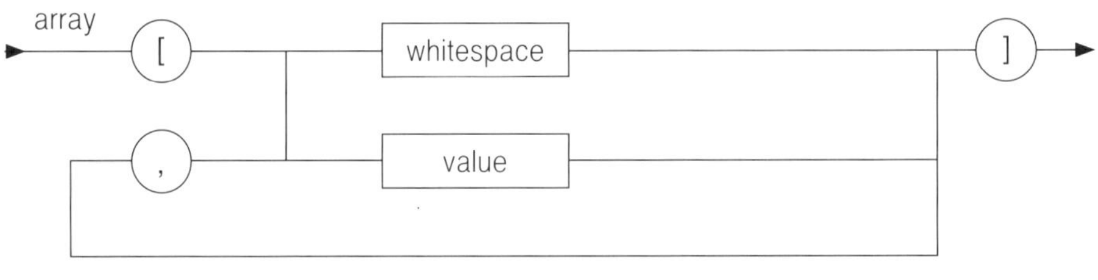

3) JSON value

• name/value 쌍 중 value는 name으로 구분된 특정 값이다. value의 내용은 큰따옴표 안에 문자열, 숫자, 참/거짓, 빈값, 배열, 자바스크립트 객체 등의 다양한 값들이 올 수 있다.

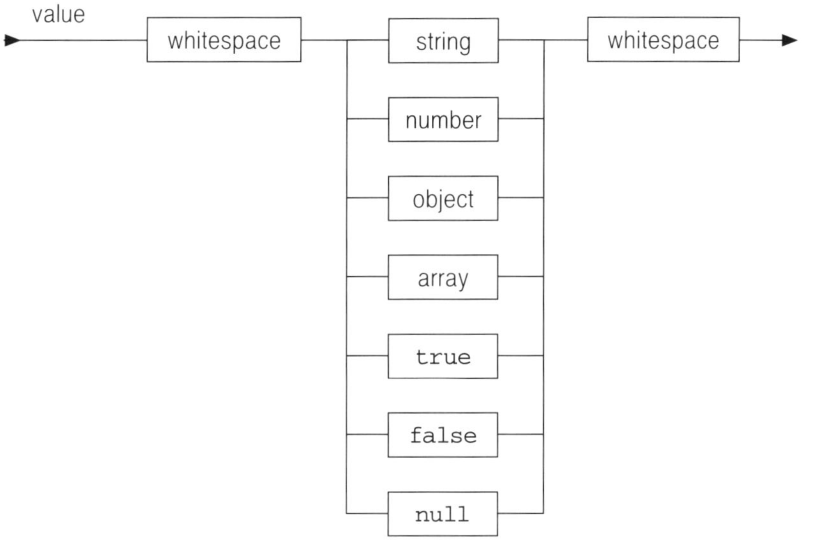

4) JSON 예시

앞서 설명한 구조를 기반으로 아래의 JSON 파일을 만들 수 있다.

```
{
 "squadName":"Super hero squad",
 "homeTown":"Metro City",
 "formed":2016,
 "secretBase":"Super tower",
 "active":true,
 "members":[
  {
   "name":"Molecule Man",
   "age":29,
   "secretIdentity":"Dan Jukes",
   "powers":[
    "Radiation resistance",
    "Turning tiny",
    "Radiation blast"
   ]
  },
```

```
  {
   "name":"Madame Uppercut",
   "age":39,
   "secretIdentity":"Jane Wilson",
   "powers":[
    "Million tonne punch",
    "Damage resistance",
    "Superhuman reflexes"
   ]
  },
  {
   "name":"Eternal Flame",
   "age":1000000,
   "secretIdentity":"Unknown",
   "powers":[
    "Immortality",
    "Heat Immunity",
    "Inferno",
    "Teleportation",
    "Interdimensional travel"
   ]
  }
 ]
}
```

5) JSON 객체 생성

JSON 객체 생성 시 주의해야 할 점을 꼽아보면 다음과 같다.

- JSON은 순수한 데이터 형식 value만 담을 수 있다. 자바스크립트 메서드(함수)는 담을 수 없다.
- 문자열과 value의 이름을 작성할 때 큰따옴표(" ")만 사용해야 한다. 작은따옴표(' ')는 사용할 수 없다.
- 콤마(,)나 콜론(:)을 잘못 배치하는 사소한 실수로 JSON 파일이 작동하지 않을 수 있

다. JSONLint 같은 애플리케이션을 사용해 JSON 유효성 검사를 할 수 있다.

- 자바스크립트에서는 오브젝트 value가 따옴표로 묶이지 않을 수도 있다. 반면 JSON에서는 따옴표로 묶인 문자열만이 value로 사용될 수 있다.
- JSON은 객체 내부에 포함할 수 있는 모든 형태의 데이터 타입을 취할 수 있다. 즉 배열이나 오브젝트 외에도 단일 문자열이나 숫자 또한 유효한 JSON 오브젝트가 된다.

이러한 JSON을 기반으로 R의 산출 데이터를 표현할 수 있다. D3.js 기술을 활용하여 JSON 데이터를 파싱(해석)하여 시각적으로 표현할 수 있다.

4 AJAX의 개념

에이잭스(Asynchronous JavaScript And XML, AJAX)는 비동기적인 웹 애플리케이션을 제작하기 위해 다음과 같은 조합을 이용하는 웹 개발 기법이다.[5]

- 표현 정보를 위한 HTML(또는 XHTML)과 CSS
- 동적인 화면 출력 및 표시 정보와의 상호작용을 위한 DOM, 자바스크립트
- 웹 서버와 비동기적으로 데이터를 교환하고 조작하기 위한 XML, XSLT, XMLHttp Request

AJAX 애플리케이션은 XML/XSLT 대신 미리 정의된 HTML이나 일반 텍스트, JSON 등을 이용할 수 있다. AJAX를 다루기 위해서는 HTML 또는 Cascading Style Sheets, JavaScript, Document Object Model, XML, XMLHttpRequest 등의 기술이 필요하다.

AJAX 자체가 특별한 기술은 아니다. 앞에서 나열한 기존 브라우저의 여러 기술을 사

5 https://ko.wikipedia.org/wiki/AJAX

용해 결합하면 웹 응용 프로그램을 빠르게, 전체 웹 페이지를 다시 불러오지 않은 채 부분적으로 사용자 인터페이스를 갱신할 수 있다. 이 기능을 써서 사용자가 취하는 동작이나 요구에 더 빠르게 응답하는 웹 시스템을 만들 수 있다.

AJAX에 대한 테스트를 진행하기 전에 데이터를 확인해보자. 다음 URL(https://api.androidhive.info/contacts/)에 접속해보면 JSON API 웹으로 데이터를 확인할 수 있다. 아니면 별도의 JSON API 또는 구글에서 JSON test URL을 검색하여 JSON 객체를 받아올 수 있는 웹 사이트를 확인하고 진행해도 된다. 이제 AJAX 통신으로 JSON 객체를 받아와 파싱하고 테이블에 보여주는 내용을 한번 실습해보자.

Eclipse, VS Code, textWrangler, notepad++ 등을 설치하기 귀찮다면 메모장이나 텍스트 편집기로도 HTML 파일을 생성할 수 있다. 다양한 무료 HTML 편집도구가 있으니 활용하기를 권한다.

실습하기 전 브라우저를 설정해야 한다. 이번 실습은 AJAX로 다른 서버에 있는 JSON 데이터를 가져오는 것으로 교차 출처 리소스 공유(Cross-Origin Resource Sharing, CORS) 기술을 통해 진행한다. 교차 출처 리소스(자원) 공유는 웹 페이지상의 제한된 리소스를 최초 리소스가 서비스된 도메인 밖의 다른 도메인에서 요청할 수 있게 허용하는 구조이다.[6] 이로써 웹 페이지에 교차 출처 이미지, 스타일시트, 스크립트, iframe, 동영상 등을 자유롭게 임베드(embed)할 수 있다.

특정한 도메인 간(cross-domain) 요청, 특히 AJAX 요청은 동일-출처 보안정책에 따라 기본적으로 금지된다. 그러나 크롬 설정을 통해 이 보안정책을 무시하고 진행할 수 있다. 설정 방법은 다음과 같다.

① Windows의 경우 크롬 실행 파일에서 우클릭하여 설정을 확인한다. 대상(T)의 경로 뒤에 아래 글씨 부분을 추가한 후 적용 버튼을 누른다.
"C:\Program Files (x86)\Google\Chrome\Application\chrome.exe" --disable-web-security —user-data-dir

6 https://ko.wikipedia.org/wiki/ 교차_출처_리소스_공유

Mac OS의 경우 커맨드 쉘에 다음과 같이 작성하여 크롬을 실행한다.

```
> open /Applications/Google\ Chrome.app –args –disable-web- security
  --user-data-dir
```

② 이제 다음과 같은 HTML 파일을 생성하고 크롬으로 실행해보자.

```
<!DOCTYPE HTML>
<html>
  <head>
  <meta http-equiv="Content-Type"content="text/html"charset=
   "UTF-8"/>

<title>AJAX 페이지</title>
</head>
  <body>
   <button id="ajaxButton" type="button">데이터 요청</button>
   <div id="ajax_table"></div>
```

```
<script>
(function(){
 var xhr;
 document.getElementById("ajaxButton").addEventListener('click',
makeRequest);

 function makeRequest(){
  xhr =new XMLHttpRequest();
  var url = 'http://api.androidhive.info/contacts/';

  if(!xhr){
   alert('XMLHTTP 객체 생성 실패');
   return false;
  }


  xhr.onreadystatechange = alertContents;
  xhr.open('GET',url, true);
       xhr.setRequestHeader("Content-Type", "application/json");
  xhr.send();

 }

 function changeContents(){
 if (xhr.readyState === XMLHttpRequest.DONE){
  if (xhr.status ===200){
   var response =JSON.parse(xhr.responseText);
   var i;
   var txt="";
   txt += "<table border='1'>";
   txt += "<tr><th>name</th></tr>";

   for (x in response.contacts) {
    txt += "<tr><td>" + response.contacts[x].name + "</td></tr>";
   }
   txt += "</table>";
   document.getElementById("ajax_table").innerHTML = txt;
```

```
  }else {
   alert('request Problem');
  }
 }
}
})();
</script>
 </body>
</html>
```

③ 크롬 실행 후 '데이터 요청' 버튼을 클릭하고 다음과 같은 결과물이 출력되는지 확인한다.

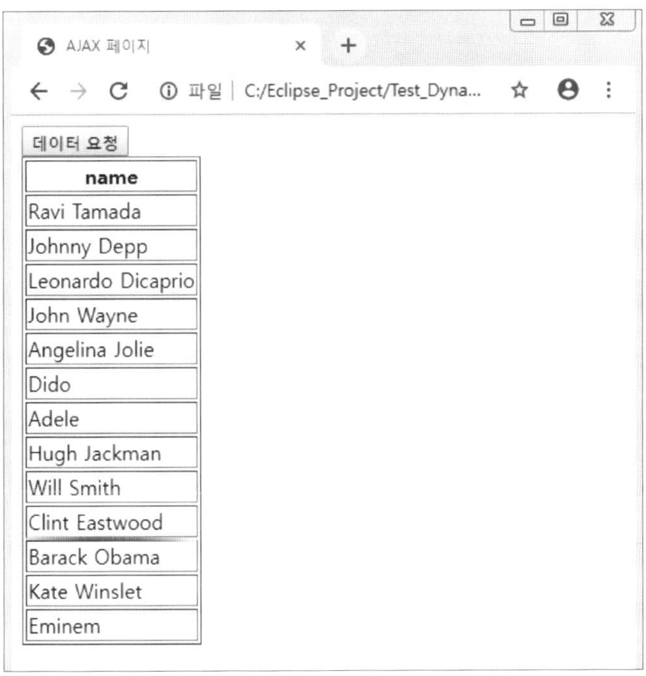

페이지가 로드된 후에는 addEventListener를 통해 데이터 요청 버튼을 클릭한 후 이벤트와 makeRequest 함수를 연결해준다.

AJAX 통신 객체(XMLHttpRequest)를 생성하고 생성을 검증한다. AJAX onreadystatechange 객체와 changeContents 함수를 연결한다. Open 함수를 통해 서버 통신 상태를 확인(status 200, OK)한다. changeContents 함수는 응답으로 전달된 JSON 객체를 파싱하여 테이블 텍스트를 생성하고 ajax_table div에 붙이는 소스코드이다.

이로써 앞서 구현한 addEventListener 형태로 버튼에 액션을 추가하고 변형하여 JSON 데이터를 서버와 동적으로 주고받을 수 있게 되었다.

1. HTML에 버튼을 클릭하면 다음과 같이 alert 창이 뜨는 HTML 파일을 생성해보자.

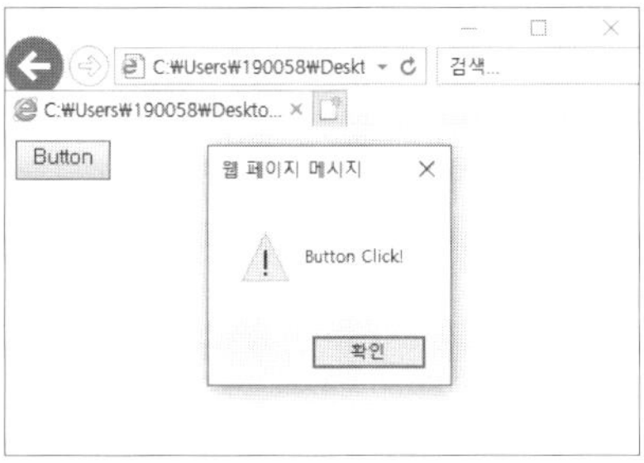

2. AJAX 통신을 통해 다음의 URL(http://jsonplaceholder.typicode.com/posts)로부터 JSON 객체를 받아와 테이블로 보여주는 HTML을 만들어보자.

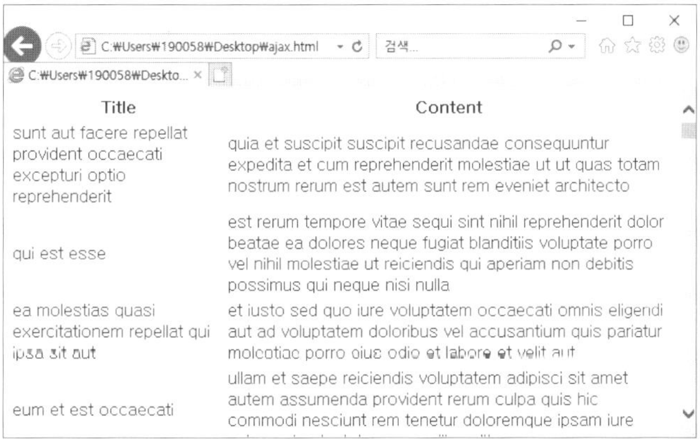

7장
동적 시각화

1 동적 시각화란?
2 D3.js란?
3 D3.js의 특징
4 D3 실습
5 D3의 예제 및 추가 기능

1 동적 시각화란?

동적 시각화를 시작하기 전에 데이터 시각화(data visualization)에 대한 개념을 알아보자. 앞서 3장에서 5장까지는 보건의료 데이터를 그래프로 그리고 공유하는 내용을 살펴보았고, 6장에서는 사용자의 액션을 받아서 서버와 통신하는 방법을 알아보았다. 이제부터 살펴볼 데이터 시각화는 데이터 분석 결과를 쉽게 이해할 수 있도록 시각적으로 표현하고 전달하는 과정을 말한다. 데이터 시각화의 목적은 도표(graph)라는 수단을 통해 정보를 명확하고 효과적으로 전달하는 것이다.[1]

최근 빅데이터 기술 시장의 성장과 함께 시각화 기술도 중요한 기술요소로 자리 잡고 있다. 빅데이터를 시각화할 때 모든 데이터를 살펴보는 것은 불가능하기 때문에 시각화의 기술적인 요소와 함께 데이터를 요약하고 한눈에 살펴볼 수 있도록 돕는 방법론적 요소의 중요성이 커지고 있다. 다음 표는 시각화 절차를 단계별로 분류한 것이다.[2]

단계	설명
정보 조직화	• 사용자의 정보 인지에 관여함 • 혼돈의 상태로 존재하는 데이터를 분류, 배열, 조직화하여 질서를 부여함
정보 시각화	• 사용자의 정보 지각에 관여함 • 보다 효율적으로 정보를 전달하기 위해 시각, 청각, 촉각, 미각, 후각의 감각기관에 최적의 자극을 주는 방법을 제시함
상호작용	• 정보와 사용자 간 상호작용 측면에서 사용자 경험을 디자인함 • 정보의 인지적 요인뿐만 아니라 지각적 요인을 함께 활용함 • 정보 시각화 단계와 밀접하게 연동하면서 입력 기술의 특성도 함께 고려함

데이터 동적 시각화를 진행할 때 주어진 데이터 내에서 액션을 통해 재분석을 하거나, 드릴다운 분석을 통해 데이터에 대한 심화분석을 진행할 수 있다. 여기서 드릴다운

1 https://ko.wikipedia.org/wiki/데이터_시각화

2 신희숙, 임정묵, 박준석 (2013). "정보 시각화 기술과 시각장애인을 위한 정보 표현 기술". 〈전자통신동향분석〉, 28권, 1호.

(drilled-down)은 데이터를 해당 데이터의 하위 요소에 대한 데이터로 대체하는 것을 의미한다. 데이터에 대한 상세 정보를 보기 위해 드릴다운 분석을 수행한다.

2 D3.js란?

D3.js(D3 또는 Data-Driven Documents)는 웹 브라우저상에서 동적이고 인터랙티브한 정보 시각화를 구현하기 위한 자바스크립트 라이브러리다.[3] D3.js(이하 D3)는 HTML, SVG(Scalable Vector Graphics), Canvas 등의 기술을 사용해서 데이터에 생동감을 준다. D3에는 강력한 시각화 기술과 상호작용 기술, 문서 객체 모델(Document Object Model, DOM) 조작에 대한 데이터 중심 접근 방식이 결합되어 있다. D3를 활용하면 최신 브라우저의 모든 기능과 데이터에 적합한 시각적 인터페이스를 자유롭게 디자인할 수 있다.

이 장에서는 D3.js 버전5로 실습을 진행할 것이다. 최신 브라우저 기능을 사용하므로 크롬(Chrome), 엣지(Edge), 파이어폭스(Firefox), 사파리(Safari)와 같은 최신 브라우저를 준비하자. D3 버전4 이하는 IE 9+도 지원한다. 많은 D3 모듈이 최소 요구사항을 갖기 때문에 D3의 일부 기능은 구형 브라우저에서 작동할 수 있다고 안내되어 있으니 본인의 개발환경에 맞는 내용을 찾아 적용해보도록 하자.

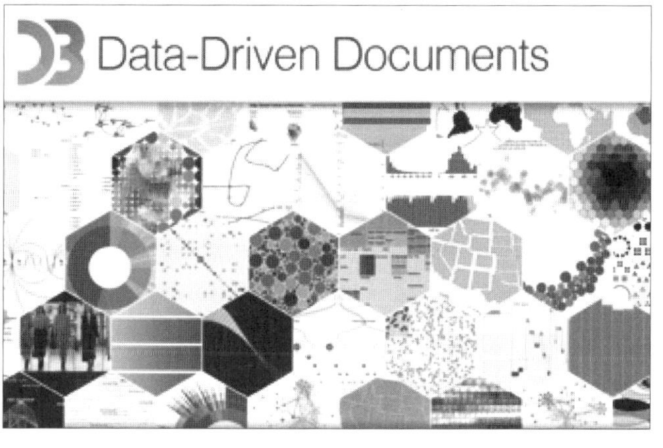

3 https://ko.wikipedia.org/wiki/D3.js

D3를 사용하면 임의의 데이터를 DOM에 바인딩한 다음 데이터 기반 변환을 HTML 문서에 적용할 수 있다. 예를 들어 D3를 사용하여 숫자 배열에서 HTML 테이블을 생성할 수 있고, 동일한 데이터로 부드러운 전환과 상호작용이 가능한 SVG 기술을 활용한 막대차트를 만들 수도 있다. D3의 요점은 새로운 신규 프레임워크를 구축하는 것이 아니라, HTML 문서(document)상의 데이터(data)를 기반으로 조작(driven)하는 효율적인 기술을 습득해 활용하는 것이다.

이제 D3에 대해 알아볼 예정이다. 다음의 기본 내용들은 모두 D3.js 공식 홈페이지(https://d3js.org/)에서 발췌한 내용이므로 꼭 한번 접속하여 Documentation, API도 둘러보고 Example에 본인이 시각화하고 싶은 내용에 참고할 만한 부분이 있는지 확인해보기 바란다.

3 D3.js의 특징

6장(2-8절, p.186)에서 살펴본 HTML 파일의 head 또는 body 부분에 다음과 같이 자바스크립트 외부 참조를 통해 D3를 쉽게 추가하여 기능을 활용할 수 있다.

```
<script src="https://d3js.org/d3.v5.js"></script>
```

D3가 제공하는 핵심 기능에 대해 알아보도록 하자.

1) selection

D3에서 제공하는 selection 기능을 통해 속성, 스타일, HTML 또는 텍스트 내용과 같은 DOM 내의 데이터 중심 변환이 가능하다. 데이터 조인의 입력 및 종료를 selection 기능을 사용하여 데이터에 해당하는 요소를 추가하거나 제거할 수도 있다.

HTML 문서 내의 p태그(<p>)에 속한 문자열의 색상을 바꾸는 내용의 순수 자바스크립트 코드는 다음과 같다.

```
var paragraphs = document.getElementsByTagName("p");
for (var i = 0; i < paragraphs.length; i++) {
 var paragraph = paragraphs.item(i);
 paragraph.style.setProperty("color", "blue", null);
}
```

그러나 D3에서 제공하는 selection 기능을 통해 다음과 같이 작성할 수 있다.

```
d3.selectAll("p").style("color", "blue");
```

D3는 위의 예제처럼 속성이나 스타일 설정, 이벤트 리스너 등록, 문서 노드 추가, 제거 또는 정렬, HTML 또는 텍스트 콘텐츠 변경과 같이 노드를 변경할 수 있는 여러 가지 방법을 제공한다.

2) 동적 속성

웹 Front-End 개발 경험이 있는 독자들, jQuery나 다른 DOM 프레임 워크에 능숙한 독자들은 D3와의 유사성을 즉시 인식할 수 있을 것이다. 그러나 스타일, 속성 및 기타 속성은 단순한 상수뿐만 아니라 D3의 데이터 함수로 지정할 수 있다. D3는 영역, 꺾은선형 및 원형 차트에 대한 그래픽 기본 요소와 같은 재사용 가능한 여러 내장 함수와 함수 생성자를 제공한다. 이러한 기능들은 데이터 시각화에 강력하게 활용될 수 있다.

```
d3.selectAll("td").style("color", function(d, i) {
     return i % 2 ? "#eee" : "#000"
});
```

D3에 의해 계산된 속성은 각각 바인딩된 데이터를 나타낸다. 데이터는 값의 배열로 지정되며 각 값은 첫 번째 변수인 d로 selectAll 함수에 전달된다. 기본 인덱스인 i를 사용하면 I가 1일 때 데이터 배열의 첫 번째 요소가 selection한 첫 번째 노드로, 두 번째 요소가 selection한 두 번째 노드로 전달된다. 이런 방식으로 스타일이나 다양한 속성을 HTML 파일에 동적으로 부여할 수 있다.

이해를 도울 수 있는 예제를 실행해보자. 6장(4절, p.193)에서 진행한 예제에서 테이블 요청 문서에 문자열 색을 변형하는 것이다.

```
<head>
<script src="http://d3js.org/d3.v5.min.js" charset="utf-8"></script>
</head>
<body>
<script>
function drawColor(){
    d3.selectAll("td").style("color", function(d, i) {
                return i % 2 ? "#eee" : "#000";
               });
}
function alertContents(){
      .........생략 .............
      drawColor();//d3 Draw 호출
}
</script>
```

진행한 내용은 head 태그에 D3 외부 참조를 추가하고, drawColor()에서 앞서 설명한 selection을 통한 동적 속성을 부여하는 함수를 구현한 후 데이터를 호출할 때 함께 호출하는 내용이다.

6장 4절 예제와 비교하면서 다음 구현 내용을 이해해보도록 하자.

```
<!DOCTYPE HTML>
<html>
 <head>
 <meta http-equiv="Content-Type"content="text/html"charset=
  "UTF-8"/>

<title>AJAX 페이지</title>
<script src="http://d3js.org/d3.v5.min.js" charset="utf-8"></script>
</head>
 <body>
  <button id="ajaxButton" type="button">데이터 요청</button>
  <div id="ajax_table"></div>

<script>
(function(){
 function drawColor(){
    d3.selectAll("td").style("color", function(d, i) {
                return i % 2 ? "#eee" : "#000";
               });
 }

 var xhr;
 document.getElementById("ajaxButton").addEventListener('click',
makeRequest);

 function makeRequest(){
  xhr =new XMLHttpRequest();
  var url = 'http://api.androidhive.info/contacts/';

  if(!xhr){
   alert('XMLHTTP 객체 생성 실패');
   return false;
  }
```

```
  xhr.onreadystatechange = alertContents;
  xhr.open('GET',url, true);
        xhr.setRequestHeader("Content-Type", "application/json");
  xhr.send();

 }

 function changeContents(){
 if (xhr.readyState === XMLHttpRequest.DONE){
  if (xhr.status ===200){
   var response =JSON.parse(xhr.responseText);
   var i;
   var txt="";
   txt += "<table border='1'>";
   txt += "<tr><th>name</th></tr>";

   for (x in response.contacts) {
    txt += "<tr><td>" + response.contacts[x].name + "</td></tr>";
   }
   txt += "</table>";
   document.getElementById("ajax_table").innerHTML = txt;
  }else {
   alert('request Problem');
  }
 }
 }
})();
</script>
 </body>
</html>
```

브라우저를 통해 실행 결과를 살펴보면 다음과 같이 짝수의 글자색이 변경된 것을 확인할 수 있다.

3) 입력 및 종료

D3의 입력 및 종료를 선택적으로 사용하여 수신 데이터에 대한 새 노드를 삽입하고 더 이상 필요하지 않은 노드를 제거할 수 있다. 데이터가 selection에 바인딩되면 데이터 배열의 각 요소가 selection한 해당 노드와 쌍을 이루게 되는데, 시각화할 데이터보다 적은 수의 HTML 노드가 있는 경우 추가 데이터 요소를 선택하여 속성을 입력할 수 있다. 예를 들면 다음과 같다.

```
// Update
var p = d3.select("body")
  .selectAll("td")
  .data([1, 4, 7, 8, 11, 12])
    .text(function(d) { return d; });
```

```
// Enter
td.enter().append("td")
    .text(function(d) { return d; });

// Exit
p.exit().remove();
```

일반적인 패턴은 초기에 selection 시 ① 수정할 업데이트 노드, ② 추가할 노드, ③ 입력 및 제거할 종료 노드로 나누는 것이다. 이 세 가지 경우를 개별적으로 처리하여 어떤 작업이 어떤 노드에서 실행될지 정확하게 지정한다. 이렇게 구현하면 성능이 향상되고 보다 효과적으로 변경을 제어할 수 있다.

D3에서는 데이터를 기반으로 문서를 변환할 수 있는데, 여기에는 시각화 요소의 생성과 파괴 작업이 모두 포함된다. D3를 사용하면 사용자 상호작용, 애니메이션 등의 효과로 기존 문서를 변경할 수 있다.

4) 새로운 기술 표현이 아닌 변환

D3 소개 페이지에는 새로운 시각적 표현 기술을 도입하지 않는다는 내용이 담겨 있다. 이는 D3는 HTML, SVG, CSS와 같은 웹 표준에 의거한 그래픽 마크 어휘(태그, 속성 등)를 직접 가져온다는 내용이다. 따라서 브라우저 공급 업체가 내일 새로운 기능을 도입하더라도 업데이트 없이 즉시 사용할 수 있고, D3를 사용하여 SVG 요소를 만들고 외부 스타일 시트로 스타일을 지정할 수도 있다. 브라우저의 내장 요소관리자(6장 2-2절 개발자 도구 등)를 사용하여 쉽게 디버깅할 수 있다. D3로 조작하는 노드 및 태그들은 브라우저가 기본적으로 이해하는 요소들이다.

5) 전환 애니메이션

변환 시 D3는 자연스러운 애니메이션으로 표현할 수 있다. 변환이 진행될 때 스타일과 속성을 점진적으로 수정한다. 이 두 가지를 수행하므로 탄성, 입방체, 선형과 같은 기능을 자유롭게 제어할 수 있다.

이러한 기능은 문자열에 포함된 숫자 및 글꼴 크기, 경로 데이터, 복합 값 등에 대해 지원한다. 다음의 기능을 실행할 경우 HTML body의 백그라운드 컬러를 검정색으로 점진적으로 변형(페이드 효과)할 수 있다.

```
d3.select("body").transition()
    .style("background-color", "black");
```

이렇게 실제로 변경되는 속성만 수정함으로써 D3는 오버헤드를 줄이고 높은 프레임 속도에서 큰 그래픽 복잡성을 허용한다. 또한 이벤트를 통한 복잡한 변환의 순서를 정할 수 있다.

D3가 제공하는 기능이 워낙 많기 때문에 여기서는 주요 기능만을 확인해보았다. 작업 시 필요한 기능이 있다면 공식 사이트(https://d3js.org/)에서 직접 살펴보면서 학습해보기 바란다.

4 D3 실습

D3의 주요 기능을 확인했으니 이제 실습을 진행하며 이해도를 높여보자. 6장 등에서 HTML, 자바스크립트를 다룰 때 본인이 사용한 텍스트 편집기로 d3.html 파일을 생성하여 진행해보자.

1) 데이터 조작 및 표현

data() 함수를 통해 데이터를 읽어들이고 표현하는 예제는 다음과 같다.

```
<!DOCTYPE HTML>
<html>
<head>
<meta http-equiv="Content-Type"content="text/html"charset="UTF-8"/>
<title>D3 페이지</title>
<script src="http://d3js.org/d3.v3.min.js" charset="utf-8"></script>
</head>
 <body>
<script>
(function(){
 var dataset = [ 5, 10, 15, 20, 25 ];
      d3.select("body").selectAll("p")
                .data(dataset)
                .enter()
                .append("p")
                .text(function(d) { return d; });
})();
</script>
 </body>
</html>
```

data() 함수에서 현재 dataset 배열이 주어진 경우 text() 함수에 입력되는 변수 d는 dataset 안에 존재하는 각 데이터 해당 값으로 설정되는 내용이다.

실행 결과는 다음과 같다.

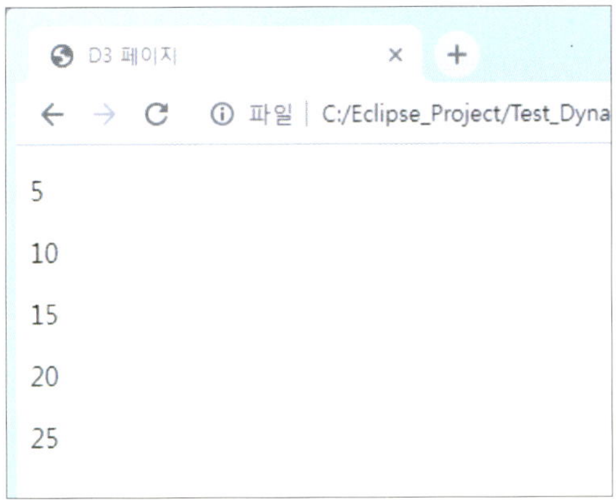

이러한 data() 함수의 기능을 통해 서버로부터 전달된 내용(JSON 객체 등)을 HTML에 간단히 구현할 수 있다.

2) 데이터 기반 차트 그리기

5장에서 이미지 태그로 그린 차트를 HTML 파일에서 그리기 위해서는 html 디자인 요소를 사용하는 기능이 필요하다. 막대형 차트는 기본적으로 사각형이며 HTML <div> 태그는 사각형을 그리는 가장 쉬운 방법이다.

이번에는 d3_chart라는 HTML 파일을 새로 만들어서 다음의 코드를 진행해보자.

```
<!DOCTYPE HTML>
<html>
<head>
<meta http-equiv="Content-Type"content="text/html"charset="UTF-8"/>
<title>D3 차드</title>
</head>
<body>
<div style="display: inline-block;
            width: 25px;
            height: 90px;
            background-color:red;"></div>
</body>
</html>
```

순수 HTML로 div 태그의 스타일을 변경하여 막대차트(bar chart)의 구성을 그려본 내용이다. 해당 내용은 css 기술을 활용하여 div 태그에 대해 sytle을 분리한 후 다음과 같이 변형하여 기술할 수 있다.

```
<!DOCTYPE HTML>
<html>
<head>
<meta http-equiv="Content-Type"content="text/html"charset="UTF-8"/>
<title>D3 차트</title>
<style>
div.bar {
  display: inline-block;
  width: 25px;
  height: 90px;
  background-color:red;
}
</style>
</head>
<body>
<div class="bar"></div>
</body>
</html>
```

style을 분리하여 기술할 경우 bar라는 class를 재사용할 수 있다는 이점이 있다. <div class="bar"></div>를 반복해서 사용하면 아래의 실행 결과를 확인할 수 있다.

```
<div class="bar"></div>
<div class="bar"></div>
<div class="bar"></div>
<div class="bar"></div>
........
```

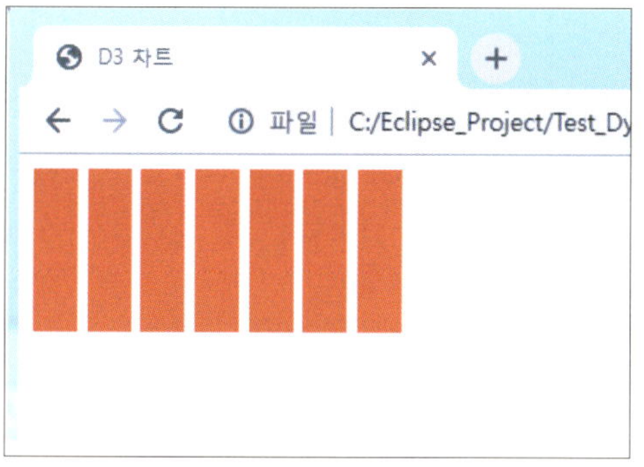

이제 이렇게 HTML 기술로만 그린 내용을 D3 data 함수를 통해 dataset의 값을 결합하여 표현해보자. 우선 다음과 같이 style을 변형해보자.

```
div.bar {
   display: inline-block;
   width: 25px;
   background-color:red;
   margin-right: 2px;
}
</style>
```

이어서 body의 <div class="bar"></div>를 D3 기술로 작성해보자.

```
<script>
 var dataset = [ 5, 10, 15, 20, 25 ];
        d3.select("body").selectAll("div")
                .data(dataset)
                .enter()
                .append("div")
                .attr("class", "bar")
                .style("height", function(d) {
                        var barHeight = d * 5;
                        return barHeight + "px";
                });
</script>
```

body에 div 태그를 추가하는 내용까지는 앞에서 진행한 것과 동일하지만, attr 함수를 추가하여 class에 bar 스타일을 적용하는 내용이 새롭게 더해졌다. 아울러 style 함수를 활용하여 <div class="bar"></div>의 높이에 dataset을 적용한 후, 5배수를 곱하고 픽셀(px) 값을 적용해 높이가 변형된 div 태그가 HTML 파일에 그려지게 된다.

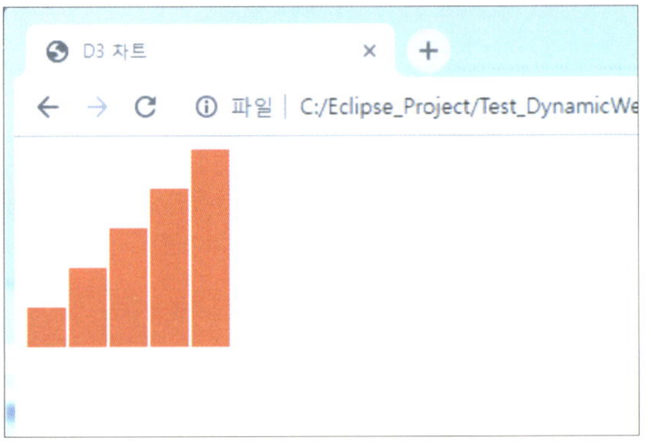

5 D3 예제 및 추가 기능

D3 공식 사이트(https://d3js.org)의 API탭에서 제공하는 추가 기능 API(2019년 기준)는 다음과 같다.

명칭	API 명	기능
Arrays(데이터)	d3-array	배열 조작, 순서, 검색, 요약 등 - 기본 요약 통계를 계산하는 방법 - 특정 요소에 대한 배열을 검색하는 방법 - 배열 변환 및 새 배열 생성 방법 - 불연속 샘플을 연속적이고 겹치지 않게 묶는 방법
Axes(축)	d3-axis	x, y축 또는 그래프 내의 마크 등을 조작
Collection	d3-collection	문자열로 키가 지정된 요소에 대한 편리한 데이터 구조 - 연관 배열(객체)을 배열로 변환하는 기능 - 데이터를 임의의 계층으로 그룹화하는 기능
Colors	d3-color	색 조작 및 색 공간 변환

예제를 활용하여 보다 인터렉티브한 그래프를 그릴 수 있다. D3 공식 사이트에서 다양한 기능과 화려한 시각화 이미지를 살펴보고 이를 참고하여 데이터 시각화를 적용해볼 수 있다.

연습문제

1. Hello World를 D3.js의 d3.select를 활용하여 나타내보자.

2. D3.js 기술로 URL(http://jsonplaceholder.typicode.com/users/1/albums)의 데이터(json)를 파싱하여 보여주자.

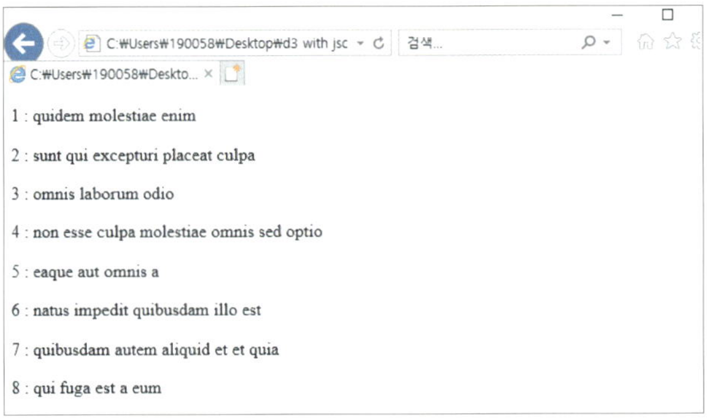

3. D3.js의 기능을 활용해 원을 그리고 마우스 오버를 했을 때 원이 앞으로 튀어나오는 액션을 만들어보자.

8장

동적 통계 웹 시스템 구축

1 동적 통계 웹 시스템을 이용한 데이터 시각화
2 동적 시각화 차원분석 추가하기
3 마무리하며

1 동적 통계 웹 시스템을 이용한 데이터 시각화

동적 통계 웹 시스템을 구축하기 위해 지금까지 다양한 기술들에 대해 살펴보았다. 끝으로 이번 장에서는 앞에서 살펴본 기술들을 모두 합쳐서 동적 통계 웹 시스템을 통한 데이터 시각화를 구현해보자.

5장에서 R과 Java, 웹 서버 기술을 통해 그렸던 아래 그래프를 6-7장에서 다룬 자바스크립트와 D3.js를 이용해 HTML이 조작할 수 있는 객체로 변형해보자.

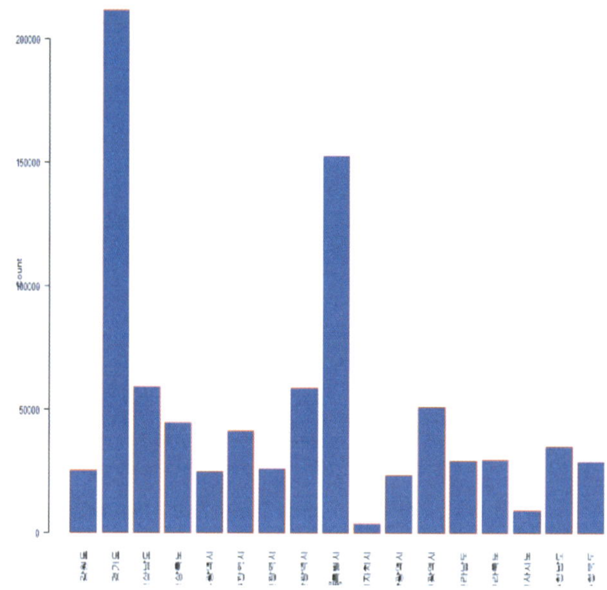

1-1 R에서 JSON 객체 생성

R에서 JSON 객체를 만들기 위해 3장에서 다루었던 내용을 되살려보자. 먼저 R을 실행하고 다음의 R스크립트를 확인해본다. 실행하기 전 설치했던 MySQL이 start 상태에 있는지 확인하는 것을 잊지 말자.

```
#필요 라이브러리 로드
> library(DBI)
> library(RMySQL)
#연결 설정
> con <- dbConnect(dbDriver("MySQL"),username="root",password="***", host="
127.0.0.1",port=3306,dbname="nhis")
#인코딩 설정
> rs <- dbSendQuery(con,'set character set "euckr"')
#DB 쿼리 확인
> dbGetQuery(con, 'SELECT si.sido, count(*) as cnt
  FROM nhis.t_nhis_open_gj gj
  inner join t_age_group ag on gj.age_group = ag.group
  inner join t_sido si on gj.sido = si.code
  group by si.sido
  order by 1')

        sido    cnt
1     강원도  25224
2     경기도  211790
3   경상남도  59225

--------------------DB 결과 노출 이하 생략 ----------------
```

위에서 실행한 결과를 JSON 객체로 만들기 위해서는 패키지 설치가 필요하다.

```
> install.packages("d3r")
> install.packages("jsonlite")
```

설치한 패키지를 활용하여 DB에서 가져오는 데이터를 JSON 객체로 변환한다.

```
#필요 라이브러리 로드
> library(DBI)
> library(RMySQL)
> library(d3r)
> library(jsonlite)
#연결 설정
> con <- dbConnect(dbDriver("MySQL"),username="root",password="***", host="
127.0.0.1",port=3306,dbname="nhis")
#인코딩 설정
> rs <- dbSendQuery(con,'set character set "euckr"')
#DB 쿼리
> dbGetQuery(con, 'SELECT si.sido, count(*) as cnt
  FROM nhis.t_nhis_open_gj gj
  inner join t_age_group ag on gj.age_group = ag.group
  inner join t_sido si on gj.sido = si.code
  group by si.sido
  order by 1')
# 데이터 프레임 JSON 객체 변환
> rjson <- d3_json(tdata)
> rjson

{"sido":"강원도","cnt":25224},{"sido":"경기도","cnt":211790},{"sido":"경상남도, ...

------------------- 변환 결과 생략 ---------------
```

정상적으로 변환된 결과를 확인한 후 변환된 JSON 객체를 웹 서버에 보내는 내용을 구현해보자.

1-2 R 통신 객체 생성

5장에서 다루었던 Eclipse를 다시 사용해보자. 다시 시작하는 마음으로 새로운 프로젝트를 만들어본다. Eclipse Project List에서 새로운 프로젝트를 'R_D3' 네이밍으로 만든다. 과정이 잘 기억나지 않으면 5장(2-1절, p. 146)의 내용을 확인하자.

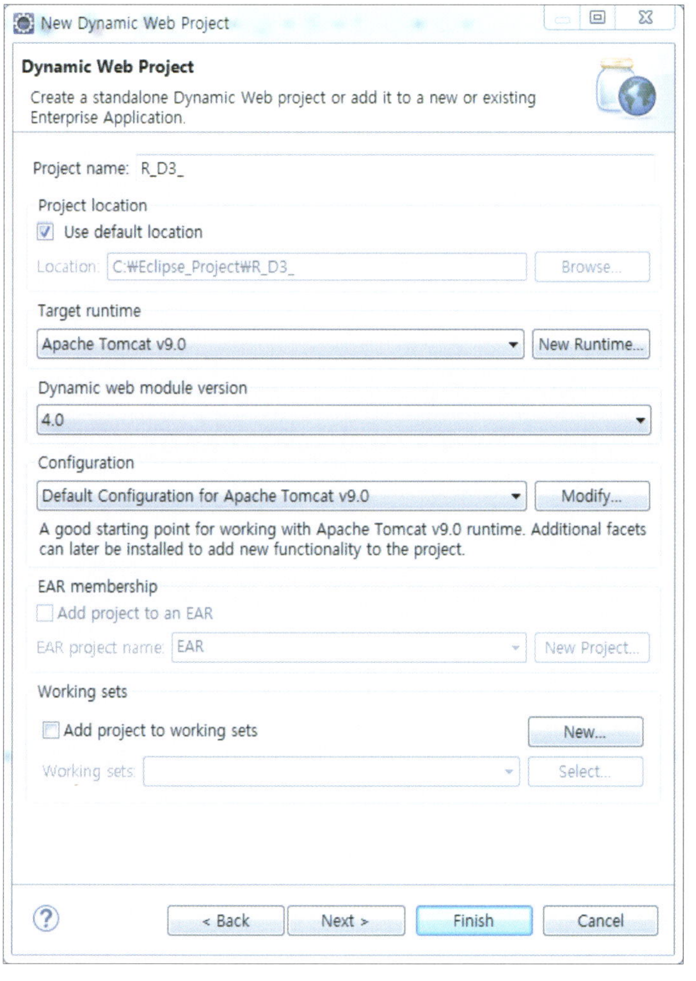

다시 Rserve 통신 객체를 임포트(import)해보자. 생성한 프로젝트 파일의 경로(C:\Eclipse_Project\웹프로젝트\WebContent\WEB-INF)에 REngine.jar, Rserve Engine.jar 파일을 추가한다. 프로젝트 리스트에서 WEB-INF → lib 아래쪽에 추가한 jar 파일이 노출되는 것을 확인한다.

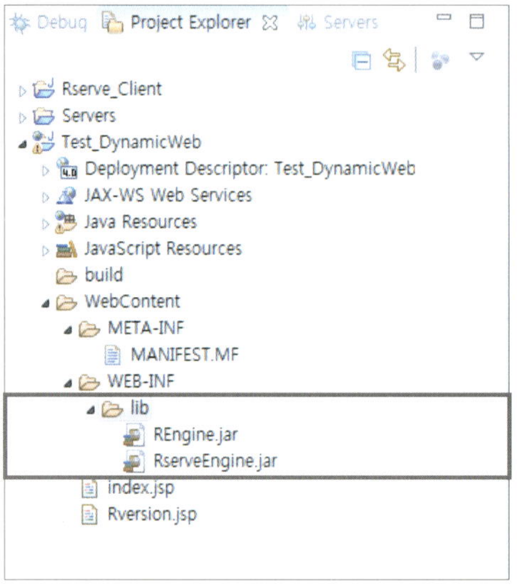

Project Explorer 프로젝트의 Java Resources → src를 선택한 후 신규 클래스를 생성한다. src 우클릭 New → Class 생성 → Name: 'Rserver', Package: 'Rserve' 단계로 생성을 완료한 후 다음과 같이 구현한다.

```
package Rserve;

import java.io.BufferedReader;
import java.io.File;
import java.io.FileInputStream;
import java.io.IOException;
import java.io.InputStreamReader;
import java.util.ArrayList;
import javax.servlet.http.HttpServletRequest;
import org.rosuda.REngine.REXP;
```

```
import org.rosuda.REngine.REXPMismatchException;
import org.rosuda.REngine.REngineException;
import org.rosuda.REngine.Rserve.RConnection;
import org.rosuda.REngine.Rserve.RserveException;

public class Rserver {

        protected HttpServletRequest request = null;
        protected REXP rexp;
        protected RConnection connection;
}
```

생성한 클래스의 Rserver() 생성자에 RConnection을 connection으로 선언하고 메모리를 할당(new)하는 코드를 작성한다. R스크립트 파일을 읽는 RFileRead() 함수와 JSON 객체를 브라우저에 전달하는 returnToBrowser()라는 함수를 다음과 같이 추가한다.

```
public Rserver(HttpServletRequest request) throws RserveException {
        connection = new RConnection();
        this.request = request;
}

public String returnToBrowser() throws REXPMismatchException,
REngineException, IOException {

        ArrayList<String> commands = RFileRead("HealthCareJSON");
        for (int i = 0; i < commands.size() ; i ++) {
                String command = commands.get(i);
                if(i == commands.size()-1) {
                        rexp = connection.parseAndEval(command);
                        connection.close();
                }else {
                        connection.parseAndEval(command);
                }
        }
```

```
        return rexp.asString();
}

public ArrayList<String> RFileRead(String fileName) throws IOException {
        ArrayList<String> arr = new ArrayList<String>();
        String realPath = request.getSession().getServletContext().
                        getRealPath("");
        String line;
        File file = new File(realPath+"/WEB-INF/R/"+fileName+".r");
        FileInputStream fis = new FileInputStream(file);
        InputStreamReader isr = new InputStreamReader(fis,"UTF-8");
        BufferedReader br = new BufferedReader(isr);
        while ((line = br.readLine()) != null) {
         if(line.length()>0) {
                line = line.replace("C:\\", "C:");
                line = line.replace("\\", "/");
                arr.add(line);
         }
        }
  return arr;
}
```

1-3 JSP 페이지를 활용한 JSON 확인

좌측 Project Explorer의 WebContent를 선택하여 마우스 우클릭 후 New → JSP 파일을 선택하고 'DynamicBarPlot.jsp'로 네이밍하여 생성한다.

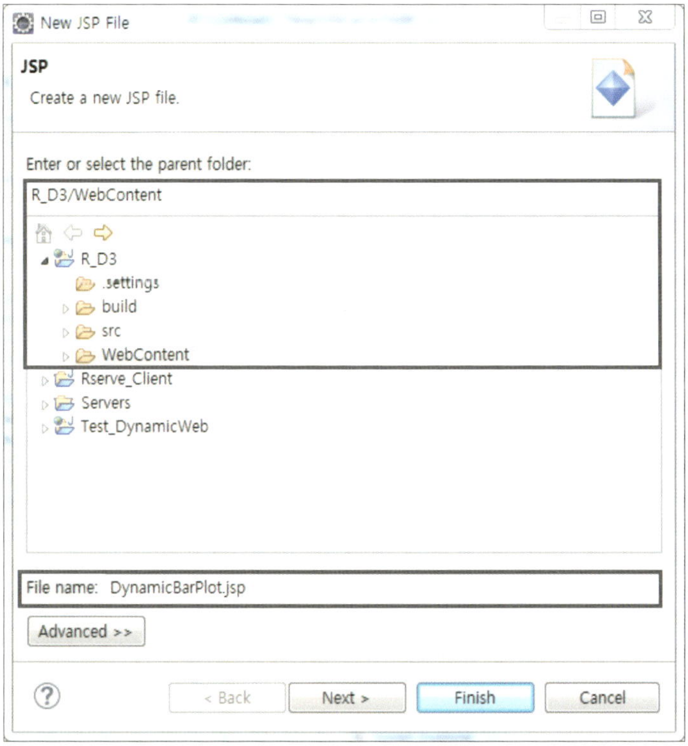


```
<%@ page language="java" contentType="text/html; charset=EUC-KR"
  pageEncoding="EUC-KR"%>
<%@ page import="Rserve.Rserver" %>
<!DOCTYPE html>
<html>
<head>
<title>Dynamic Barplot</title>
</head>
<body>
<%
```

```
        request.setCharacterEncoding("EUC-KR");
        Rserver r = new Rserver(request);
        out.print(r.returnToBrowser());
%>
</body>
</html>
```

이어서 JSP 페이지를 작성하여 JSON 객체를 잘 가져오는지 확인해보자. Run on Server 버튼으로 Tomcat을 실행하여 페이지를 확인해본다. 정상적으로 페이지가 구동되면 다음과 같이 나타난다.

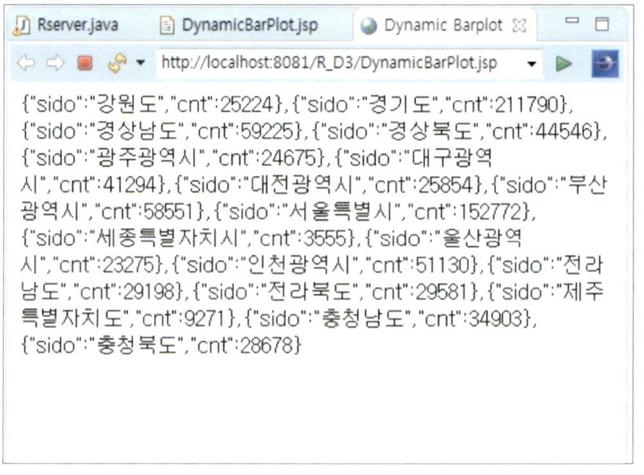

한글이 깨지는 경우에는 다음과 같은 키워드로 Rserve를 실행해 해결할 수 있다.

```
> system('tasklist /FI "IMAGENAME eq Rserve.exe"')
> system('TASKKILL /PID {Rserve PID} /F') ##PID로 Rserve 실행 종료
> Rserve(FALSE,port=6311,args='--RS-encoding utf8 --no-save --slave
--encoding utf8 --internet2')
```

1-4 D3.js를 활용한 JSON 시각화 1

JSON을 정상적으로 가져오는 것을 확인한 후에는 JSON을 막대차트로 변환해보자. DynamicBarPlot.jsp를 다음과 같이 수정한다.

```
<%@ page language="java" contentType="text/html; charset=EUC-KR"
  pageEncoding="EUC-KR"%>
<%@ page import="Rserve.Rserver" %>
<!DOCTYPE html>
<html>
<head>
<title>Dynamic Barplot</title>
<script src="http://d3js.org/d3.v3.min.js" charset="utf-8"></script>
<style>
div.bar {
  display: inline-block;
  width: 35px;
        background-color:blue;
        margin-right: 2px;
}
</style>

</head>
<body>
<%
        request.setCharacterEncoding("EUC-KR");
        Rserver r = new Rserver(request);
        String jsonStr = "["+r.returnToBrowser()+"]";
%>

<script>
 var dataset = JSON.parse('<%=jsonStr%>');
```

```
        d3.select("body").selectAll("div")
                .data(dataset)
                .enter()
                .append("div")
                .attr("class", "bar")
                .style("height", function(d) {
                        var barHeight = d.cnt/500;
                        return barHeight + "px";
                });
</script>
</body>
</html>
```

실행 결과를 확인하면 다음과 같다.

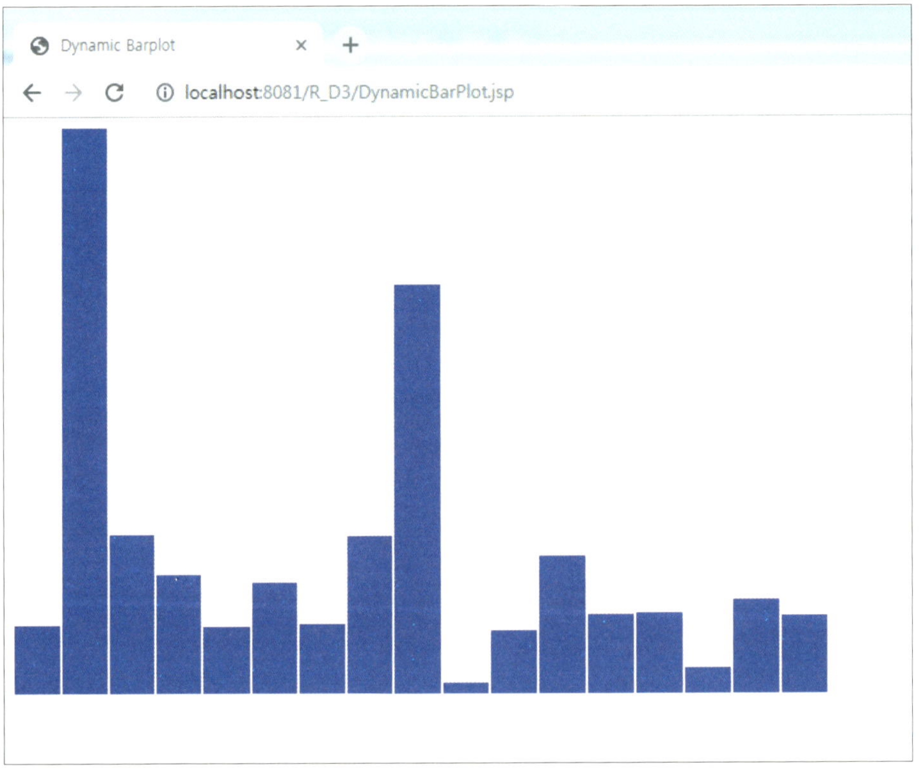

1-5 D3.js를 활용한 JSON 시각화 2

이제 X축과 Y축을 추가해보자. 관련 내용은 D3 공식 홈페이지의 Basic Chart(https://github.com/d3/d3/wiki/Gallery#basic-charts) 부분을 참고해 서술하였다.

```
<%@ page language="java" contentType="text/html; charset=EUC-KR"
  pageEncoding="EUC-KR"%>
<%@ page import="Rserve.Rserver" %>
<!DOCTYPE html>
<html>
<head>
<title>Dynamic Barplot</title>
<script src="http://d3js.org/d3.v3.min.js" charset="utf-8"></script>
<style>
#tooltip {
        position: absolute;
        width: 50px;
        height: auto;
        padding: 10px;
        background-color: white;
        -webkit-border-radius: 10px;
        -moz-border-radius: 10px;
        border-radius: 10px;
        -webkit-box-shadow: 4px 4px 10px rgba(0, 0, 0, 0.4);
        -moz-box-shadow: 4px 4px 10px rgba(0, 0, 0, 0.4);
        box-shadow: 4px 4px 10px rgba(0, 0, 0, 0.4);
        pointer-events: none;
}
#tooltip.hidden {
        display: none;
}
```

```
#tooltip p {
        margin: 0;
        font-family: sans-serif;
        font-size: 12px;
        line-height: 16px;
}
.indent{
        padding-left: 5px;
}

rect {
        -moz-transition: all 0.3s;
        -webkit-transition: all 0.3s;
        -o-transition: all 0.3s;
        transition: all 0.3s;
}
rect:hover{
        fill: orange;
}
.axis path,
.axis line {
        fill: none;
        stroke: black;
        shape-rendering: crispEdges;
}
.axis text {
        font-family: sans-serif;
        font-size: 11px;
}
</style>

</head>
<body>
<%
        request.setCharacterEncoding("EUC-KR");
        Rserver r = new Rserver(request);
        String jsonStr = "["+r.returnToBrowser()+"]";
```

```
%>
<div id="searchVolume"></div>
<script>
 var dataset = JSON.parse('<%=jsonStr%>');


 var margin = {top: 25, right: 40, bottom: 35, left: 85},
        w = 500 - margin.left - margin.right,
        h = 350 - margin.top - margin.bottom;
        var padding = 10;

        var colors =     {0:        ["cnt", "#377EB8"]};

        var xScale = d3.scale.ordinal()
                .domain(d3.range(dataset.length))
                .rangeRoundBands([0, w], 0.01);
        var yScale = d3.scale.linear()
                .domain([0, d3.max(dataset, function(d) { return d.cnt;})])
                .range([h, 0]);
        var xAxis = d3.svg.axis()
                .scale(xScale)
                .orient("bottom");
        var yAxis = d3.svg.axis()
                .scale(yScale)
                .orient("left")
                .ticks(5);

        var cnt = function(d) {
        return d.cnt;
        };

        var commaFormat = d3.format(',');

        //SVG element
        var svg = d3.select("#searchVolume")
        .append("svg")
```

```
    .attr("width", w + margin.left + margin.right)
    .attr("height", h + margin.top + margin.bottom)
    .append("g")
    .attr("transform", "translate(" + margin.left + "," + margin.top +
")");

    //Graph Bars
    var sets = svg.selectAll(".set")
    .data(dataset)
    .enter()
    .append("g")
    .attr("class","set")
    .attr("transform",function(d,i){
            return "translate(" + xScale(i) + ",0)";
    });

    sets.append("rect")
    .attr("class","local")
    .attr("width", xScale.rangeBand()/2)
    .attr("y", function(d) {
            return yScale(d.cnt);
    })
    .attr("x", xScale.rangeBand()/2)
    .attr("height", function(d){
            return h - yScale(d.cnt);
    })
    .attr("fill", colors[0][1])
    .append("text")
    .text(function(d) {
            return commaFormat(d.cnt);
    })
    .attr("text-anchor", "middle")
    .attr("x", function(d, i) {
            return xScale(i) + xScale.rangeBand() / 2;
    })
```

```
.attr("y", function(d) {
        return h - yScale(d.cnt) + 14;
})
.attr("font-family", "sans-serif")
.attr("font-size", "11px")
.attr("fill", "black");


//xAxis
svg.append("g") // Add the X Axis
.attr("class", "x axis")
.attr("transform", "translate(0," + (h) + ")")
.call(xAxis);
//yAxis
svg.append("g")
.attr("class", "y axis")
.attr("transform", "translate(0 ,0)")
.call(yAxis);
//xAxis label
svg.append("text")
.attr("transform", "translate(" + (w / 2) + " ," + (h + margin.bottom - 5) +")")
.style("text-anchor", "middle")
.text("시도");
//yAxis label
svg.append("text")
.attr("transform", "rotate(-90)")
.attr("y", 0 - margin.left)
.attr("x", 0 - (h / 2))
.attr("dy", "1em")
.style("text-anchor", "middle")
.text("인구");
```

```
        //Title
        svg.append("text")
        .attr("x", (w / 2))
        .attr("y", 0 - (margin.top / 2))
        .attr("text-anchor", "middle")
        .style("font-size", "16px")
        .style("text-decoration", "underline")
        .text("검진자수 Bar Chart");
</script>

</body>
</html>
```

실행 결과는 다음과 같다.

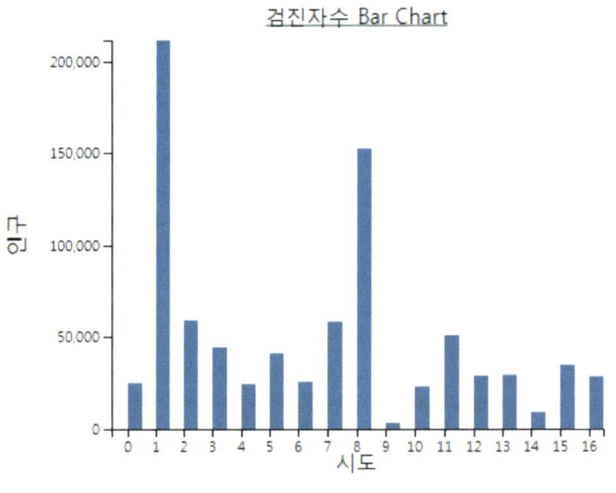

마우스를 오버하면 노란색으로 막대가 변하는 것을 확인할 수 있다. 이처럼 자바스크립트 기술을 활용하면 색을 변화시켜 그래프에 생동감을 더할 수 있을 뿐만 아니라, 액션을 통해 드릴다운 분석을 수행하고 다른 데이터 간 링크를 연결하는 등 다양한 작업을 할 수 있다.

2 동적 시각화 차원분석 추가하기

이번에는 자바스크립트 기술을 활용하여 액션을 넣어 드릴다운 분석을 구현해보자. 액션을 추가하기 전에 분석할 내용이 필요하다. 시, 도별 인원을 클릭했을 때 우리는 무엇을 보고 싶은지 고민해봐야 한다.

우리나라의 당뇨 인구가 1,000만 명이 넘어가는 요즘 시류에 맞춰 건강검진 데이터에서 해당 시도의 막대(bar)를 클릭했을 때 신장 기능 이상자 또는 당뇨 의심 환자에 대한 차원분석으로 상세 분석을 진행할 수 있도록 액션을 추가해보자.

표준항목명	영문명	설명	표현형식/단위	예시
식전혈당 (공복혈당)	BLDS	검진자 식사 전 혈당(혈액 100ml당 함유되어 있는 포도당의 농도) 수치 - 일반인의 공복혈당 정상 범위는 70~100mg/dL	N/mg/dL	94

공복혈당으로 당뇨 의심자의 분포를 구현해보자. 일반인의 공복혈당 정상 범위가 70~100mg/dL인 점을 활용하여 해당 시도의 각 연령별 당뇨 의심자의 분포를 확인해보자. 우선, 화면에서 선택한 시도 정보가 무엇인지 AJAX 기술을 통해 서버로 시도 정보를 전달하고 결과값을 수신하는 부분을 구현해보자.

2-1 MySQL 스크립트 작성 및 데이터 확인

R에서 분석할 R스크립트와 데이터베이스 쿼리문을 만들어보자. 우선 MySQL에서 해당 시도 데이터를 선택하고, 당뇨병으로 추정되는(공복혈당 정상 범위 70~100mg/dL 이외의) 환자를 추리는 쿼리문을 다음과 같이 짜보자.

```
SELECT si.sido, ag.age_group, count(*) as cnt
FROM nhis.t_nhis_open_gj gj
inner join t_age_group ag on gj.age_group = ag.group
inner join t_sido si on gj.sido = si.code
where si.sido ='경기도' and (BLDS > 100 or BLDS <70)
group by si.sido, ag.age_group
```

해당 쿼리는 경기도의 혈당 수치 정보를 담고 있는 BLDS 컬럼의 비정상 범위를 보여준다. 결과물에 다음과 같은 데이터가 출력되는지 확인해보자.

sido	age_group	cnt
경기도	40~44세	640
경기도	45~49세	2306
경기도	50~54세	4037
경기도	55~59세	5571
경기도	60~64세	10102
경기도	65~69세	10244
경기도	70~74세	12702
경기도	75~79세	10928
경기도	80~84세	9740

2-2 R 히스토그램 확인하기

이제 앞 절에서 작성한 MySQL 쿼리가 R에서 정상적으로 리턴되는지 연령대별 당뇨의 심환자 데이터에 대한 분포를 R에서 확인해보자.

```
library(DBI)
library(RMySQL)
library(jpeg)
con <- dbConnect(dbDriver("MySQL"),username="root",password="****", host="1
27.0.0.1",port=3306,dbname="nhis")
rs <- dbSendQuery(con,'set character set "euckr"')

tdata <- dbGetQuery(con, 'SELECT ag.age_group, count(*) as cnt FROM nhis.t_
nhis_open_gj gj inner join t_age_group ag on gj.age_group = ag.group inner
join t_sido si on gj.sido = si.code where si.sido ="경기도" and (BLDS > 100 or
BLDS <70) group by ag.age_group order by 1')

dbDisconnect(con2)

barplot(tdata$cnt, names.arg=tdata$age_group, xlab="연령대", ylab="Count",
las=2, col="blue", border="red")
```

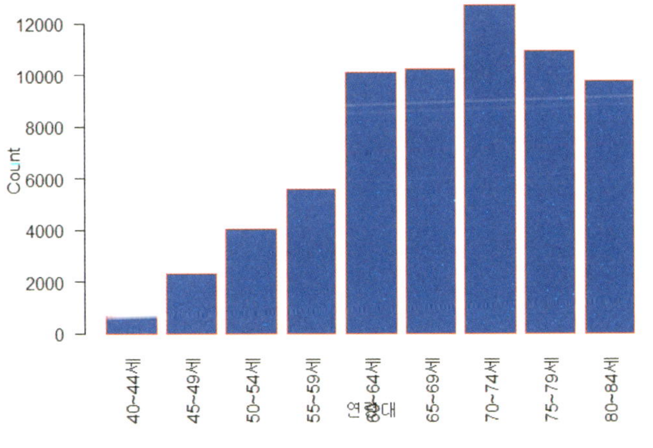

해당 이미지를 보여주는 R스크립트에서 경기도를 ##sido##으로 변경하여 DrillDown.r로 저장한다.

```
library(DBI)
library(RMySQL)
library(jpeg)

con2 <- dbConnect(dbDriver("MySQL"),username="root",password="****", host="
127.0.0.1",port=3306,dbname="nhis")

rs2 <- dbSendQuery(con2 ,'set character set "euckr"')


tdata2 <- dbGetQuery(con2 , 'SELECT ag.age_group, count(*) as cnt FROM nhis.
t_nhis_open_gj gj inner join t_age_group ag on gj.age_group = ag.group
inner join t_sido si on gj.sido = si.code where si.sido ="##sido##" and (BLDS >
100 or BLDS <70) group by ag.age_group order by 1')

png("{imgPath}",width = 1024, height = 720)

barplot(tdata2$cnt, names.arg=tdata2$age_group, xlab="연령대",
ylab="Count", las=2, col="blue", border="red")

dev.off()
```

2-3 RServe와 통신 부분 구현

RConnection을 재사용해야 하므로 Rserver.java 파일의 public Rserver(HttpServletRequest request) 선언부를 다음과 같이 수정하자.

```
public Rserver(HttpServletRequest request) throws RserveException {
        if(connection == null) {
            connection = new RConnection();
        }

        this.request = request;
}
```

그리고 DrilDown.jsp와 Rserver 객체에 통계서버와 통신할 함수인 returnToDrillDown(String sido, String cnt) 함수를 다음과 같이 구현한다.

```
public String returnToDrillDown(String sido, String cnt) throws
REXPMismatchException, REngineException, IOException {

        ArrayList<String> commands = RFileRead("DrillDown");

        for (int i = 0; i < commands.size() ; i ++) {
            String command = commands.get(i);
            command = command.replace("##sido##", sido);
            if(i == commands.size()-1) {
                rexp = connection.parseAndEval(command);
              connection.close();
            }else {
                connection.parseAndEval(command);
            }
        }
        String realPath = new String(request.getSession().
getServletContext().getRealPath("")+"/WEB-INF/Img/"+"DrillDown.png");

        return realPath;
}
```

DrilDown.jsp에서 전달받은 sido 정보를 R로 전달하여 실행하는 부분을 구현한다. 신규로 생성할 R스크립트 파일 "DrillDown"을 읽어서 command 문자열에서 기존 '##sido##'를 변경하여 데이터베이스 쿼리를 실행하는 내용이다.

```
public ArrayList<String> RFileRead(String leName) throws IOException {
...
String realPath = request.getSession().getServletContext().getRealPath("");
String imgPath = realPath+"WEB-INF\\Img\\"+ leName+".png";
...
}
```

RFileRead 함수에 이미지 저장 경로를 입력하고 저장하는 내용을 추가한다.

2-4 D3.js 활용 액션 이벤트 추가하기

내부 R에서 가져오는 부분을 구현해보았으니 이제 클릭 이벤트를 추가하는 방법을 구현해보자. Bar Plot 객체의 선언부인 var sets 객체에 sets.on("click", 함수); 형태로 이벤트를 추가하면 된다. 기존 코드인 DynamicBarPlot.jsp에 다음과 같이 추가해보자.

```
//Graph Bars
var sets = svg.selectAll(".set")
.data(dataset)
.enter()
.append("g")
.attr("class","set")
.attr("transform",function(d,i){
        return "translate(" + xScale(i) + ",0)";
})
.on("click", function(e){
  alert(e.sido +": " + e.cnt);
});
```

클릭했을 때 아래와 같은 경고창에 시도와 인구 정보가 노출되면 정상적으로 전달할 준비가 된 것이다.

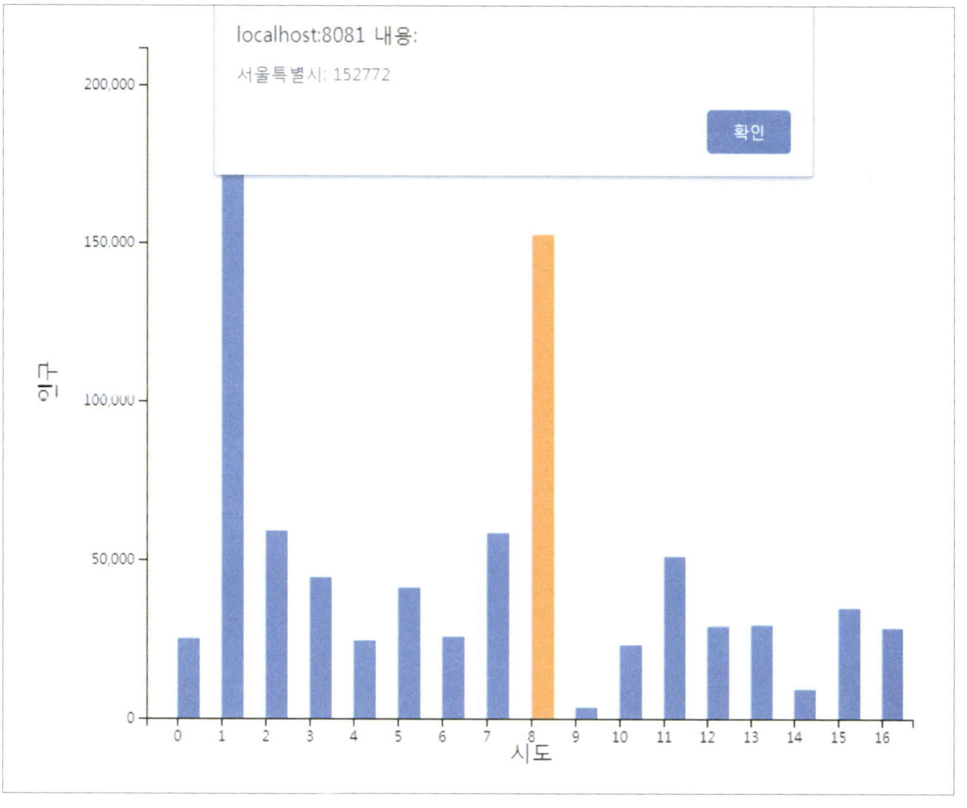

2-5 차원분석 팝업 만들기

이제 클릭한 막대(bar)의 데이터를 전달하고 분석정보 이미지를 팝업으로 노출시키는 방법을 구현해보자.

```
        .on("click", function(e){
          //alert(e.sido +": " + e.cnt); //주석처리
window.open("http://localhost:8081/R_D3/DrillDown.jsp?sido="+e.
sido+"&cnt="+e.cnt, "_blank", "toolbar=yes,scrollbars=yes,resizable=yes,t
op=500,left=500,width=540,height=540");
        });
```

먼저 서버 부분에서 시도 값을 수신하는 부분을 구현해보자. R_D3 프로젝트의 WebContent에 새로운 DrillDown.jsp 파일을 생성해보자.

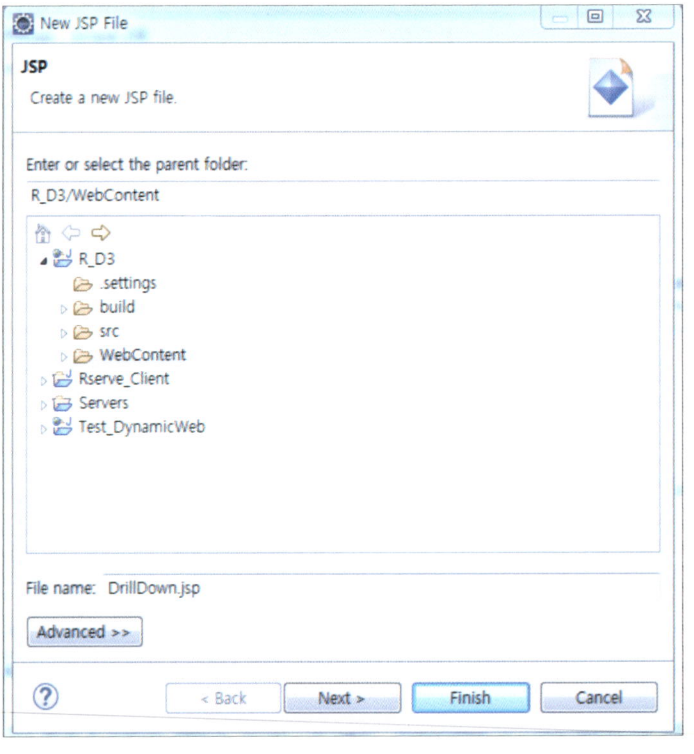

DynamicBarPlot.jsp의 부분을 참고하여 DrilDown.jsp 신규 Rserve 객체를 활용해서 새로운 내용을 리턴받는 내용을 다음과 같이 구현한다.

```
<%@ page language="java" contentType="text/html; charset=EUC-KR"
  pageEncoding="EUC-KR"%>
<%@ page import="Rserve.Rserver" %>
<!DOCTYPE html>
<html>
<head>
<title>DrillDown Plot</title>
</head>
<body>
<%
  request.setCharacterEncoding("EUC-KR");
  String sido = request.getParameter("sido");
  String cnt = request.getParameter("cnt");
  Rserver r = new Rserver(request);
  String returnPlot = r.returnToDrillDown(sido,cnt);
%>

<img src="<%=returnPlot%>" height="540" width="540"/>


</body>
</html>
```

차트를 클릭했을 때 다음과 같은 팝업이 노출되는지 확인해보자.

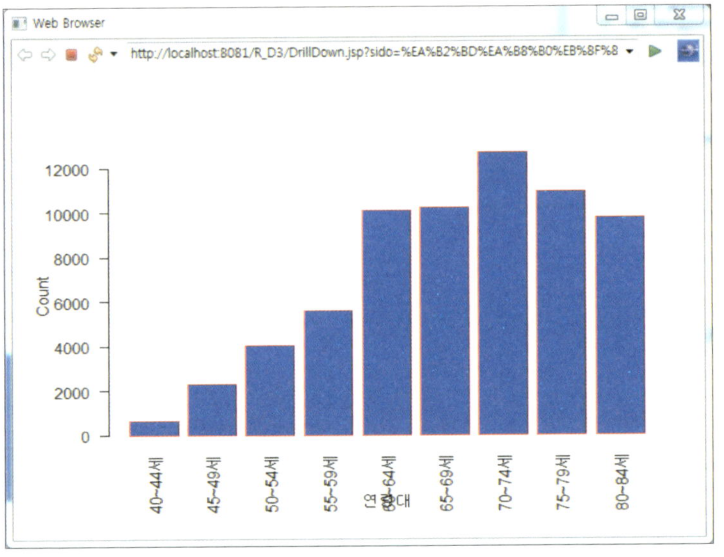

3 마무리하며

앞에서 다룬 형태로 우리는 분석 결과를 시각화하여 사용자가 이해하기 쉽게 보여줄 수 있게 되었다. 그리고 웹으로 사용자의 액션을 입력받고 추가적인 데이터 분석을 할 수 있는 플랫폼을 제공할 수 있게 되었다. 데이터베이스, 통계, 웹의 D3.js 기술을 융합하여 사용자에게 조금 더 고도화된 정보를 실시간으로 제공할 수 있게 된 것이다.

IT 정보기술의 최종 결과물은 사무자동화를 넘어 신속한 의사결정을 지원하는 도구로서 기능해야 하지만, 아직까지는 저마다의 기술이 따로 노는 단계에 머물러 있다고 볼 수 있다. 데이터 분석가와 IT 전문가들을 양성하는 다양한 교육이 이루어지고 있지만, 각각의 기술의 스펙을 쌓아 올리는 데만 급급하고 함께 융합하는 방법에 대한 고민은 부족한 실정이다.

이 책은 실무에서 기술의 융합과 활용에 대한 고민이 필요할 때 보아야 할 책이라고 생각한다. 누군가는 이 책을 읽으며 자신의 업무 분야, 진행 중인 프로젝트, 본인의 커리큘

럼에서 부족한 점을 느끼고 분발하는 계기를 마련할 수 있을 것이다. 우리가 다룬 통계기반 웹 시스템을 선제적으로 구축할 수 있다면 데이터 기반의 기계학습, 인공지능 기술을 좀 더 신속하게 적용할 수 있을 것이다.

우리가 지금까지 살펴본 내용에는 다양한 기술들이 접목되어 있기 때문에 단번에 쉽게 이해하기는 어려울 것이다. 그러나 책에 담긴 실습 내용들을 직접 반복해보고 실무에서 필요할 때마다 응용해본다면, 각 기술들의 결합을 통해 자신의 데이터 분석 능력을 무한히 확장해나갈 수 있을 것이다.

2장

1. • 연령대 정보 확인

```
SELECT * FROM nhis.T_AGE_GROUP;
```

• 시도 정보 확인

```
SELECT * FROM nhis.T_SIDO;
```

2.

```
SELECT SEX, count(*)
FROM nhis.t_nhis_open_gj gj
where HCHK_YEAR = 2016
GROUP BY SEX
```

3.

```
SELECT ag.age_group, count(*)
FROM nhis.t_nhis_open_gj gj
inner join t_age_group ag on gj.age_group = ag.group
GROUP BY ag.age_group
```

3장

2.

```
plot(tapply(cars$dist, cars$speed, mean))
```

4장

1.

```
public class HelloWorldApp
{
        static string returnHello(String fname)
        {
        return "안녕하세요 !" + fname+ "님 반갑습니다."
        }

        public static void main(String[] args)
        {
        System.out.println(returnHello("박지형"));
        }
}
```

2.

```
public class HelloWorldApp
{
        static void MultiplicationTable()
        {
         for(int i=2; i < 10; i++)
         {

          System.out.println("\n[ " + i + "dan ]");
         for(int j=1; j < 10; j++)
          {
           System.out.println(i + " x " +j + " = " + i*j);
          }
        }
        public static void main(String[] args)
        {
        MultiplicationTable();
        }
}
```

3.

```
public class RClient
{
    public static void main(String[] args)
    {
        try
        {
          REXP x;
          RConnection c = new RConnection();
          x = c.eval("mean(1:10");
          System.out.println(x.asString());
        }
        catch (Exception e)
        {
            e.printStackTrace();
        }
        }
}
```

5장

1.

```
<html>
<body>
<img src="http://www.hannarae.net/img/logo.gif" border="1"/>
</body>
</html>
```

2.

```
public String returnCar() throws REXPMismatchException, REngineException {
 String library = "jpeg";
 connection.parseAndEval("try("+library+"('test.jpg',quality=90))");
 connection.parseAndEval("plot(tapply(cars$dist, cars$speed, mean))");
//graphics off
 connection.parseAndEval("graphics.off()");
 rexp = connection.parseAndEval("r=readBin('test.jpg','raw',1024*1024);
unlink('test.jpg'); r");
// Image byte to String
  Encoder encoder = Base64.getEncoder();
  String encodedString = encoder.encodeToString(rexp.asBytes());
}
}
<%@ page language="java" contentType="text/html; charset=UTF-8"
pageEncoding="UTF-8"%>

<%@ page import="Rserve.Rserver" %>
<!DOCTYPE html>
<html>
<head>
<meta charset="EUC-KR">
<title>R Plot</title>
</head>
<body>
<% Rserver r = new Rserver();
String returnImg = r.returnCar();
%> <img src="data:image/jpg;base64, <%=returnImg%>" />
</body> </html>
```

6장

1.
```
<html>
<body>
<input type="button" id="button" onclick="button_click();" value="Button" />
<script>
function button_click() {
    alert("Button Click!");
}
</script>
</body>
</html>
```

2.
```
<html>
<head>
<script src="https://code.jquery.com/jquery-3.2.1.min.js"></script>
<script type="text/javascript">
$(document).ready(function(){
  $.ajax({
    url: "http://jsonplaceholder.typicode.com/posts",
    dataType: 'json',
    type: 'get',
    cache:false,
    success: function(data){
      /*console.log(data);*/
      var event_data = '';
      $.each(data, function(index, value){
        /*console.log(value);*/
        event_data += '<tr>';
        event_data += '<td>'+value.title+'</td>';
        event_data += '<td>'+value.body+'</td>';
        event_data += '</tr>';
      });
```

```
        $("#list_table_json").append(event_data);
      },
      error: function(d){
        /*console.log("error");*/
        alert("404. Please wait until the File is Loaded.");
      }
    });
  });
</script>
</head>
<body>
<table class="table table-responsive table-hover table-bordered"
id="list_table_json">
  <thead>
    <tr>
      <th>Title</th>
      <th>Content</th>
    </tr>
  </thead>
</table>

</body>
</html>
```

7장

1.

```
<!DOCTYPE html>
<meta charset="utf-8">
<body>
<script src="http://d3js.org/d3.v3.min.js"></script>
<script>

d3.select("body").append("span")
  .text("Hello world!");

</script>
```

2.

```
<!DOCTYPE html>
<meta charset="utf-8">
<body>
<script src="http://d3js.org/d3.v3.min.js"></script>
<script>


d3.json("http://jsonplaceholder.typicode.com/users/1/albums",
function(error, data) {

  d3.select("body")
    .selectAll("p")
    .data(data)
    .enter()
    .append("p")
    .text(function(d) {
      return d.id + " : " + d.title;
    });

});
```

```
</script>
```

3.

```
<!DOCTYPE html>
<meta charset="utf-8">

<body>


<script src="https://d3js.org/d3.v4.min.js"></script>
<svg width="400" height=200>
    <circle cy="100" cx="80" r="60"  ll="blue"></circle>
    <circle cy="100" cx="160" r="60"  ll="yellow"></circle>
    <circle cy="100" cx="240" r="60"  ll="red"></circle>
    <circle cy="100" cx="320" r="60"  ll="green"></circle>
</svg>

<script>
d3.selectAll("circle").on("mouseover", function(){
    d3.select(this).raise()
});
</script>
</body>
</html>
```